U0490833

VAN GOGH

凡·高

[英]威廉·乌德 著

韩雯 译

图书在版编目（CIP）数据

凡·高 /（德）威廉·乌德著；韩雯译. —— 长沙：
湖南美术出版社, 2020.5
ISBN 978-7-5356-9077-7

Ⅰ. ①凡… Ⅱ. ①威… ②韩… Ⅲ. ①凡高 (VanGogh,
Vincent 1853-1890) – 传记②凡高 (Van Gogh,Vincent
1853-1890) – 绘画评论 Ⅳ. ① K835.635.72 ② J205.563
中国版本图书馆 CIP 数据核字 (2020) 第 038115 号

VAN GOGH © 1998 Phaidon Press Limited
This edition published by Ginkgo (Beijing) Book Co., Ltd.under licence from Phaidon Press
Limited, Regent's Wharf, All Saints Street, London, N1 9PA, UK, © 2020 Ginkgo (Beijing)
Book Co., Ltd.
All rights reserved. No part of this publication may be reproduced, stored in a retrieval system
or transmitted, in any form or by any means, electronic, mechanical, photocopying, recording
or otherwise, without the prior permission of Phaidon Press.

本书中文简体版权归属于银杏树下（北京）图书有限责任公司。
著作权合同登记号：图字18-2017-098

凡·高
FAN GAO

出 版 人：黄　啸
著　　者：［德］威廉·乌德
译　　者：韩　雯
出版策划：后浪出版公司
出版统筹：吴兴元
编辑统筹：郝明慧
特约编辑：刘叶茹
责任编辑：贺澧沙
营销推广：ONEBOOK
装帧制造：墨白空间·张　萌
出版发行：湖南美术出版社（长沙市东二环一段 622 号）
　　　　　后浪出版公司
印　　刷：北京盛通印刷股份有限公司
　　　　　（亦庄经济技术开发区科创五街经海三路 18 号）
开　　本：635×965　1/16
字　　数：170 千字
印　　张：8
版　　次：2020 年 5 月第 1 版
印　　次：2020 年 5 月第 1 次印刷
书　　号：ISBN 978-7-5356-9077-7
定　　价：68.00 元

读者服务：reader@hinabook.com 188-1142-1266
投稿服务：onebook@hinabook.com 133-6631-2326
直销服务：buy@hinabook.com 133-6657-3072
网上订购：https://hinabook.tmall.com/（天猫官方直营店）

后浪出版咨询（北京）有限责任公司 常年法律顾问：北京大成律师事务所　周天晖 copyright@hinabook.com
未经许可，不得以任何方式复制或抄袭本书部分或全部内容
版权所有，侵权必究
本书若有印装质量问题，请与本公司图书销售中心联系调换。电话：010-64010019

凡·高

一提到凡·高，我们就会想到一幅幅绚丽的画，同时我们也会想到他悲惨的一生——他一生都笼罩在阴霾之中，身上像是背负着沉重的十字架，走向世界各地。他的艺术与生活紧密地交织在一起，彼此无法分割，在此，我们会用不同于其他艺术家的专著的叙述方式，将两者结合起来记述。凡·高的生活不遵循任何时代或环境的法则，作品也没有遵循固定的模式或发展方向。无论是他的人生经历还是作品，都是不同寻常、独一无二的。提起凡·高的名字，我们首先想到的是"人类"这一主题，而非与艺术史相关的主题。他是个会画画的传教士，也是个有社会理念的画家。他的故事与眼力、调色板、画刷无关，却与一颗囿于黑暗牢笼里孤独的心有关：这颗心渴求着，煎熬着，探索着，终于云开见日，识得生命的真谛。这颗心朝着太阳飞去，然后被太阳的光芒吞噬。

在凡·高之前，许多人都曾走过这样的道路，即从寒冷到温暖，从黑暗到光明，但凡·高的方式截然不同。如果说歌德追求的是风度、体面、细致入微，那么凡·高就像个孩童一般，毫无顾忌地冲向致命的光芒，简直是现代版的伊卡洛斯。

他短暂的一生之所以以悲剧告终，是因为他花了太多时间在悲痛、绝望中寻找最质朴、最纯粹的存在——太阳，而当他找到时，自己却逝去了。他走的是前辈们从没走过的艰难之路，即从文学、思想、道德与社会问题的世界过渡至感性的艺术世界。从未有人像他一样如此热烈追寻不可能拥有的事物。南方气候向来阴冷；西北风可以吹动地面的石块。凡·高的心中怀着这股寒冷强风，乘着风的翅膀驶向终途：太阳与色彩。

他有一颗伟大而充满热情的心，心中却又饱含爱与悲伤。他的爱，不是喜欢、偏爱、同情、审美情趣，而是有着更深层次的情感：博爱——联结人与事之间的深层宗教关系。这是他生命与艺术的根基所在。这样的爱指引他做出自我牺牲，消耗了自尊。他一生都在不断地奉献自己，而绘画只是他在诸多尝试之后才发现的最能充分奉献自己的方式。

他热忱的奉献精神、遵循宗教的行为方式让他的生命散发出不同寻常的光彩。这种光彩愈强烈，似乎愈加印证了斯宾诺莎说过的"爱神者不会努力让神回爱他"，而这句话在凡·高身上得到了应验，成了可怕的事实。

图1
约翰·鲁塞利：《凡·高肖像》

1886年；布面油彩；
60cm×45cm；
凡·高国立博物馆，阿姆斯特丹

图2

拿着镰刀的年轻农民

1881年；纸上黑粉笔、水彩；
47cm×61cm；
库勒-穆勒博物馆，奥特罗

然而，这种强烈的爱并没有使他融入社会，而是使他与人隔离，使他迷惘而孤独。因此，除了爱之外，另一种感受侵入了他的内心——悲伤。它不是轻浅的忧愁，而是更为沉重的、深度的痛苦，甚至常常是绝望。这种悲伤是他生命中不可或缺的部分，贯穿了他短暂的一生。正如他对穷人、宗教之爱没有得到回报一样，他也没有得到爱情。他爱过三个女人。第一个嘲笑他，第二个弃他而去，第三个非常喜欢他，却想结束自己的生命。太阳是他最后的挚爱，他在自己的画中赞美太阳。人们觉得这些画与他们无关，对此嘲笑不断。太阳也没有爱他，而是剥夺了他的理智，最终杀死了他。

在凡·高悲剧化的一生中，只有一个人理解他、爱他、帮助他，那就是小他四岁的弟弟提奥。在最艰难的岁月里，提奥一直在他身边，在他绝望时安慰他，在他遇到创作瓶颈时提出建议，鼓励他继续前行。提奥付出金钱，耐着性子忍受着哥哥令人崩溃的、矛盾的、邪恶的、反复无常的性格。随着凡·高一步步走向自我毁灭，他性格中的这些特征变得越来越明显，越来越令人难以忍受。提奥钦佩他，用自己的爱和友谊帮助他完成作品，然而某一天，提奥却听到了来自他内心深处可怕的话："你可以给我钱，但是你无法给我妻子和孩子。"

以上这些贯穿了凡·高37年的生命，而他在父亲临终前说过的一句话让我们更深刻地了解他:"死亡不易,活着更难。"

对于他生命最后近十年的创作,陪伴他度过最后时日的加歇医生曾写道:"'热爱艺术'这几个字对他来说不怎么合适,应该说是'对殉道的信仰'。"

凡·高于1853年3月30日出生在荷兰格鲁特-津德尔特——那是一个普通的乡村,天空低矮,纵横交错的运河像尺子一样将平坦的田地分割成一块一块的。这里的居民生活简朴而守旧,他们属于善良的资产阶级,生活轻松,没有烦恼;他们遵循法律、习俗以及十诫。这里的人认为"有教养"是一种美德。凡·高是在一间老式乡村小屋里长大的,房屋有许多窗户,他有很多弟弟妹妹。他的父亲是牧师,天性乐于助人,为人温和,善解人意。他的母亲安娜-科妮莉亚·卡本特斯与他感情亲密。凡·高家里的物质条件一般。

他一头红发,并不英俊。他与周遭最为格格不入的是他的气质:不善交际、举止散漫、腼腆害羞。他与弟弟提奥一直相处得很融洽。

12岁时,家人送他去了泽文伯根的一所寄宿学校。16岁时,他回到了父母身边。妹妹认为,这个时期的他总是在试图逃避乏味沉闷的乡村生活,为了避开父亲教友们的目光而躲避在空旷的乡间:"他有个坏习惯,头总是向前奔拉着。他的背很宽,有点驼背,红色头发短短的,头顶上的草帽遮着自己的脸。他的长相与众不同,完全不像个孩子。宽阔的额头微微发皱,两条眉毛因深深的思虑而紧锁在一起;两只小眼睛深深凹陷在眼窝里,眼珠有时看上去是蓝色的,有时又像是绿色的,似乎是随着表情而变化。尽管他外表看上去笨拙不堪,并不英俊帅气,但他内心深沉,坚定的表情里透露着不凡。"

他的父母也觉得自己的儿子有些不同寻常,也预感到以后儿子可能会给他们带来麻烦。他们经常讨论凡·高的未来。他们的初步计划是把儿子送到海牙。他的父亲通过一位哥哥的关系,为他谋得一个古皮巴黎分公司销售员的职位。这家公司出售的是当时巴黎沙龙上常见的感伤风格的画作,其中也有柯罗的平版画。在包装与拆装书籍、画作方面,凡·高很擅长,三年时间里也一直兢兢业业。20岁时,他被派往伦敦分公司。在伦敦,他利用周末空闲时间画画来自娱自乐,并把速写寄给母亲和提奥。在那里,凡·高有很多学习艺术的机会,欣赏到各种类型的作品,培养自己的鉴赏力。但糟糕的是,他更喜欢莫夫、齐姆、博尔迪尼、梅索尼埃、克瑙斯、伊斯拉埃尔斯以及其他一两位病态宗教画家的画作。即使他也喜欢康斯太布尔和巴比松画派的画家,但他感兴趣的只是这些画家的作品主题,而不是他们的艺术成就。这时,他的艺术感知力显然还没有被唤醒,对于档次或质感没有感觉,只是一心一意追求从画面中获得观感上的满足。

当他爱上房东太太的女儿,也就是寡妇卢瓦耶时,他内心的平静被打破了。她先是试图接近他,最后却告诉他自己已经订婚了。这次陷入爱情的冒险事件让他神经衰弱,并对后来的他产生了影响:先是在伦敦被古皮公司解雇,接着在巴黎通过关系谋取了另一份工作。他与客户打交道时缺乏技巧，总是批评客户的品位，而客户也不愿让这个"荷兰农夫"为他们服务。当他告诉雇主说这些交易只不过是有组织的盗窃时，雇主们的脸立刻阴沉下来。在巴黎待了两个月后，他去了伦敦，短暂地待了一段时间之后，又回到巴黎，1875、1876两年一直待在那里。虽然后来他又回到古皮公司工作，但他对艺术的态度发生了改变。他不喜欢自己的工作，对这座美丽的城市提不起兴趣，也没有从这里获得任何东西。他住在蒙马特区，喜欢与一名英国青年一起阅读《圣经》，两人时常连续几小时讨论《圣经》里的内容。他经常去教堂，想着为穷人奉献自己的一生。这样一来，他就永远地离开古皮公司了。

他的父亲忧心忡忡地赶往巴黎，提出一些建议，但凡·高并不赞同。提奥建议他当一名画家，虽然这个想法凡·高之前在伦敦时就想到过，但此时他却拒绝了这个建议。他接受过的教育粗浅而混乱，根本无法胜任一般的工作。1876年，他返回伦敦，在拉姆斯盖特的一所学校教法语（这所学校是由一位怪里怪气的老学究开的，他家里住着二十多位脸色苍白、食不果腹的房客）。他不得不向住在怀特查佩尔的父母伸手要生活费，也因此亲眼见识到了穷人的清贫生活。但很快，他又失业了，兜里没攒下什么钱。之后，他又去了伦敦一个卫理公会牧师的家里，那儿的寄宿学校条件更好些，他常常和牧师热烈地探讨宗教问题。凡·高不太会布道，当他生病时，他赞美疾病，认为悲伤比欢乐更重要。安慰世上不幸者的想法在他心中愈发强烈。

1876年，凡·高到埃腾与父母一起过圣诞节，他心情阴郁、焦躁不安。当他离开时，父母长舒了一口气。通过伯父的介绍，他在多德雷赫特一家书店当上了学徒。这一时期，他穿成贵格会教徒的样子，带着为宗教献身的虔诚像苦行僧一样生活。虽然内心总是悲伤阴郁，他却仍然对周围的风景充满兴趣，有时甚至热情极大。我们可以认为那时的他就时不时画一些速写了。但那时候，画画对他来说可能更像是一个旅行者吹着口哨独自走在尘土飞扬的乡间小路上，自娱自乐，仅此而已。当时的他对艺术的理解很浅，只有小镇博物馆里阿里·谢弗《客西马尼园》中蹩脚的基督徒才能激起他的爱慕之情。

他在多德雷赫特待了没多久便决心去当一名牧师。想成为牧师，必须取得大学学位，这意味着凡·高必须要首先弥补教育上的不足，还要参加考试。他来到阿姆斯特丹，投靠一位身为海军将军的伯父，但这位伯父后来因他好斗的行为而疏远了他。凡·高埋头努力了整整十四个月。在炎热的夏天，他每个下午都在苦读希腊语词典。但他意识到自己离目标太远，无法达成愿望，便放弃了考试，转而想要当一名传教士。他离开阿姆斯特丹，前往布鲁塞尔福音教会学校，为成为传教士做准备。三个月之后，人们仍无法给他一个确切的职位，不过允许他作为独立传教士前往矿区博里纳日，自行开展传教工作。他去了蒙斯附近的帕图拉日村，蒙斯就是三年前魏尔伦被囚禁的地方。之后，他在附近的瓦姆斯村找到了一份为期六个月的工作。他仿照早期

基督徒的生活方式，将自己的一切奉献给穷人。他穿着破旧的军大衣四处走动，不穿长筒袜，用旧粗麻布做衬衫穿，而且直接睡在木屋地上。当矿工们在地下工作十二小时筋疲力尽地返回时，或是当他们因矿井爆炸而受伤时，凡·高就去照顾他们，安慰他们；在流行性斑疹伤寒盛行时，他也去帮助病人。他还去做布道，不过他并没有公开演讲的天赋。他全身心投入到工作中，由于一直吃变质的食物，他的身子变得单薄瘦弱，但他不愿中途放弃。他的父亲，虽然本身也是牧师，但他无法理解凡·高这种怪异的行为。他来看望和安抚倔强的儿子，并在一家面包店里给他找了个住处。凡·高所供职的宗教团体也对凡·高的"过分热情"感到震惊，并以他布道不好为借口辞退了他。

他的内心常常充满着矛盾。他的早期创作就是以大声疾呼"基督是最伟大的艺术家"作为开端的，那时他讲述了很多绘画的事情，并写信给弟弟："我常常渴望去画画。"的确，他画了很多描绘矿工的水彩画和素描。那时，他需要在自己的宗教抱负与艺术追求间做个抉择，两者无法调和。当后者终于获胜时，他的内心已历经了许多的挣扎与翻来覆去的狂乱。

图 3
海牙老街道

1882 年；纸上钢笔、墨水和铅笔；25cm×31cm；
库勒–穆勒博物馆，奥特罗

回到埃腾，他在父亲那里得到了安慰。他画着自己喜欢的花，但没过多久，他又回到了那片黑暗的土地，用流着血的双脚走路。他露宿野外，既是博爱的救助者，也是可怜的流浪汉。当他返回博里纳日时，他感到内心深处无穷无尽的绝望，然而，他对艺术的热情突然迸发了出来：他决心成为一名画家，将所有时间都用来画画，他写信给巴黎古皮公司的弟弟说自己想走出这个"可怕，非常可怕的牢笼"。他想重温与弟弟间真挚的感情，重新赢回弟弟的信任。他们在埃腾见了面。整个冬天，凡·高都在布鲁塞尔博物馆里画画和学习。这一年，也就是1881年，凡·高28岁。后来，他爱上了家里的表姐，这不幸的爱情再一次扰乱了他内心的平静。

接着，凡·高去海牙待了两年，在表妹夫莫夫的家里画画。但他并不满意与表妹夫之间的关系。他参观莫瑞泰斯皇家美术馆，那里的作品给了他艺术上的启发。当凡·高长久地凝望着伦勃朗的画作时，他才第一次感觉到了什么是艺术质感，他不再执着于长期以来一直感兴趣的社会因素和宗教传说了。这次，他走上了正轨。但1882年初发生的一件事又让他陷入自卑的旋涡。他认识了一个女人，这个女人经常喝得醉醺醺的，长期陷于精神与肉体的双重痛苦中。他让这个女人和她的孩子们与自己住在一起，让她做自己的模特。他过着食不果腹的生活，却供她喝酒抽雪茄。他画了一幅名为《悲伤》的素描，在画中我们看到这个女人绝望地蜷缩在地上，前胸干瘪。从米什莱在这幅素描上写的话中可以清晰地看出他对这个女人的真实感受："世上怎么会有这样孤独、被抛弃的女人呢？"之后，凡·高又陷入宗教情感与现实社会的折磨之中，这种情况持续了整整十八个月。而提奥又一次解救了他。这次经历让凡·高发现，自己很难与那些更加积极、鲜活的艺术主题建立起紧密联系。他开始四处流浪，来到了僻静、贫穷的德伦特。似乎是在这里，他呈现出最初的癫狂症状。他心甘情愿背负着沉重的十字架从博里纳日到了这个女人身边，被压垮了，跌倒在地上，最后似乎再也没有力气站起来。从宗教意义上来看，他也许达到了巅峰，但从世俗角度来看，正如所有良民和牧师理解的那样，这是一条不可逾越的鸿沟。他拖着疲惫的身子回到父母家——凡·高这个挫败的、挥霍无度的儿子，在无尽的痛苦、自我牺牲的酒宴中消耗着内心的宝藏。

在尼厄嫩父母家，他的体力得到了恢复，他重新振作起来，开始在教堂搭制的画室里作画。他的妹妹这样描述他当时的模样："胡乱地穿着蓝色佛兰德农民式长罩衫，头发剪得短短的，红棕色胡子乱糟糟的，双眼因长时间盯着烈日下的某个物体而红肿，软帽檐帽子压得很低。"那阵子，另一段恋爱让他心烦意乱。然后到了1885年，父亲去世了。

在尼厄嫩，凡·高把全部时间都用来画画：深邃的天空、广阔的平原、低矮的乡间房屋。这一时期，他喜欢运用强烈对比的色调，用色很暗很重。这些画描绘的都是荷兰人和荷兰的土地。他一直在读左拉的书，因而对这片土地有了更为强烈的爱。这时候，杜米埃的作品对凡·高有着重要的意义，也许是因为他作品中的黑暗色调，也许是因为他的作品体现出了人类与社会的元素。德高望重的布莱特纳曾教他如何以荷兰古典绘画大师的技法把画画"好"。尼厄嫩时期代表着凡·高艺术创作的第一阶段，在此之前的创作甚至可以忽略不计。但凡·高在尼厄嫩时期的创作仍然是"乡土的"，无法为他博得好的名声。他在这一时期最典型的作品是《吃马铃薯的人》。如果我们把它与勒南笔下的农民题材画作相比，我们会明白凡·高需要做的还有很多。

凡·高走向艺术成熟阶段，经历了急速的跨越。

31岁那年，他踏上了新的旅程，第一站便是安特卫普。城市多姿多彩的欢快生活让他的内心充满喜悦。他去了学院油画班，上色的颜料从画布滴落到地板上。"你是谁？"愤怒的老师问道。他大声回道："我是荷兰人凡·高。"后来他被调到素描班。在安特卫普，他学习到了鲁本斯和日本艺术家的作品风格。受他们的影响，他放弃使用暗色，他的画面色调开始变亮。借鉴了葛饰北斋的富士山风景画，他的笔法变得准确而有形。

三个月后，他厌倦了安特卫普。1886年2月，还在古皮公司的提奥收到哥哥一封信，他俩约好在卢浮宫的方形沙龙相聚。这次相聚之后，两人住到了一起。凡·高开始在科尔蒙画室工作，并在那里结识了图卢兹-劳特累克和年轻的埃米尔·贝尔纳，后来就一直与他们保

图4
矿工上工

1880年；纸上铅笔；
44.5cm×56cm；
库勒-穆勒博物馆，奥特罗

图5
悲伤

1882年；纸上铅笔、钢笔与墨水；44.5cm×27cm；加曼-瑞安收藏；沃尔索尔美术馆

持着密切联系，并时常通信，讲些有趣的事情。至此，凡·高对荷兰画家的作品有了基本了解，而法国画家，他只了解米勒、杜米埃、巴比松画派画家、蒙蒂塞利。后来他还了解到德拉克洛瓦和印象派画家的创作。当时，马奈已过世三年，而其他画家正处于事业与艺术成就的高峰期，非常引人瞩目。凡·高在古皮公司结识了高更，还看到了德加的画作，但他并不喜欢。唐吉老爹的小店让他更感兴趣，他在那里找到了毕沙罗、塞尚、雷诺阿、西斯莱、修拉、吉约曼和西涅克的画作。他认识了这些画家，并在小店里与他们一起讨论创作。在光感、颜色和绘画技艺上他获得了新的感悟。修拉对他的影响尤其深远。他和弟弟很快搬到勒皮克街，经常去嘉乐特磨坊和巴塔耶餐厅，除了他俩，孟戴斯、维莱特、饶勒斯也在那里吃饭。很快，凡·高离开了科尔蒙画室，他到蒙马特、巴黎近郊、加图、布吉瓦尔、叙雷纳的大街上作画。他用春天般明媚的颜色画餐厅，把它涂成亮蓝色和粉红色，用黄色画静物画，他为唐吉老爹画像（彩色图版7），也画其他人的肖像。巴黎唤醒了他，解放了他细腻的感官。只有在极少情况下，例如提到著名的《监狱的庭院》时，他才会写更有思想内涵的社交笔记。

冬天的日子是难熬的，寒冷的天气带给凡·高糟糕的情绪和神经衰弱症。画作卖不出去，他突然间觉得一切努力都是徒劳的。尽管提奥在古皮公司有一定的影响力，但仍然无法帮助哥哥卖出画作。兄弟间争吵不断，气氛相当尴尬。

促使凡·高决定离开巴黎的诸多原因中，不得不提到一点，就是在他的潜意识里觉得，这座城市并不是他的目标和终点，而仅仅是中途的一站，在成功到来之前一切经历都只是准备。那么，他属于印象派画家吗？当然，他使用他们的表达方式和技法，以他们的眼光看事物，都受到日本画派的影响。但除此之外呢，印象派画家喜欢事物的外在，而他热爱的是事物本身。印象派画家喜欢明亮的颜色，而他是太阳的疯狂崇拜者。他的身上有一种不同寻常的，更为深层次的东西。现在，他准备好将自己献身于太阳，这是他之前生命的全部意义所在。

1888年2月，凡·高来到阿尔勒，在一家小旅馆租了一间房，旅馆下面是一家咖啡馆。从他的画作里我们了解到，这间咖啡馆的大厅中央有一张台球桌，像太阳一样的三盏灯从天花板垂下来，而这间咖啡馆的露台曾在他最好的素描作品中出现过。他每天画个不停。他画小镇广场、街道、阿利斯康（彩色图版20）、公园、桥（彩色图版13）、阿尔勒日落、以铁路为背景的田野（图21）；他描绘果树的花朵、盛开着明艳花朵的花园（彩色图版27、28）；他画装在花瓶里的白玫瑰、放在篮子里的柠檬；他为自己画肖像，时不时画奥古斯丁·鲁兰夫人（彩色图版34）、阿莱城的基诺夫人（彩色图版29）、朱阿夫兵（彩色图版30）、卡玛格农民（图11）、邮差密友鲁兰（彩色图版33）（常常和他坐在咖啡馆里直到深夜）；他到圣玛丽拉莫尔画海和船（彩色图版16）。日复一日，他毫不停歇地画着。在阿尔勒，他成

Sorrow
Vincent del.
Comment se fait-il qu'il y ait sur la terre une femme seule
Michelet

图 6

波拉德柳树与牧羊人

1884 年；纸上钢笔、铅笔和不透明颜料；
39.4cm×54.6cm；
凡·高国立博物馆，阿姆斯特丹

就了自己的不朽，他创作出的作品，与眼力、画板、笔触无关，而是与伟大的、慷慨的胸怀有关。只有他内心疲倦时，笔下才会偶尔出现一些空洞或装饰性的元素，而这些作品在他数百幅画作中只占很小的一部分。

他完完全全地交出自己，就像之前在博里纳日那样。他租了间房（彩色图版 12），把房间画成黄色，房间以六幅向日葵画作装饰（彩色图版 22）。这将是"朋友之家"。早期基督徒集体生活的想法一直萦绕在他心中，他梦想着与艺术家们住在一起，创作出最美的集体作品。

他依然是之前那个深沉、敏感的人。他没有成为"资产阶级"中的一员，也没有成为一个"画家"。从最为广泛和崇高的意义上来说，"感伤"是他艺术作品的核心要素。想要分析他的作品，就必须从这些情感表达的价值上着手。他热衷于从表面入手，直达本质与整体。他热爱的不是阳光，而是太阳本身；他想要描绘的是太阳，而不是阳光。当他写道："黄色多美啊。"这不仅仅是出于画家的感性反应，更是他内心世界的告白。对他来说，黄色是太阳的颜色，象征着温暖与光明。黄色首先是作为一种能激起内心狂喜的力量而存在的，其次才是艺术家作画时用到的颜色。凡·高所画的向日葵超越了普通意义上的静物画，正如他自己所言，这些向日葵所产生的影响，正像哥特教堂里的彩色玻璃窗一样。

在他的肖像画中，尤其是自画像中，情感表达的价值是丰富的。他承认自己更愿意画圣徒，他笔下的人物都是同时代的真实人物，却都与原始基督徒密切相关。凡·高害怕表露自己的情感。他所画的风景不是风景在眼睛里的投射，而是人对于风景的真实感受。他自己说过，在这些画中，他一方面想表达深深的宁静，另一方面想表达出极度的孤独和悲伤。他画的花可能最为生动地表达了他自己宗教意义上的世界观。他的妹妹曾在信中提到，当凡·高还是个孩子的时候，就已经领悟到了花的"灵魂"。他用自己灵巧的手捆过花束，当他画花时，花的外表和灵魂在他的笔下得到了重现。他在一封信中提到"秋天里最后一朵花那淡绿色的病人般的微笑"，这一概念性的言语表达与印象派截然不同。

不过，这些感情与表达出来的特征（这是我们看他画作的首要发现）不仅仅在于将插图或文学作品移植至画布之上，更是通过纯粹绘画的形式赋予作品额外的特性。另外，我们必须提及的是他对空间有独到的理解（彩色图版23和图25）。他懂得如何准确地表现距离，不仅通过房屋、树木以及像铁路前的小马车这样不显眼的衔接来表现，还通过田间变化多样的犁沟来表现。

鉴于他热诚的气质，他的作品中透露着一种运动感。他选取伦勃

图7
吃马铃薯的人

1885年；石版画；
26.5cm×30.5cm；
凡·高国立博物馆，阿姆斯特丹

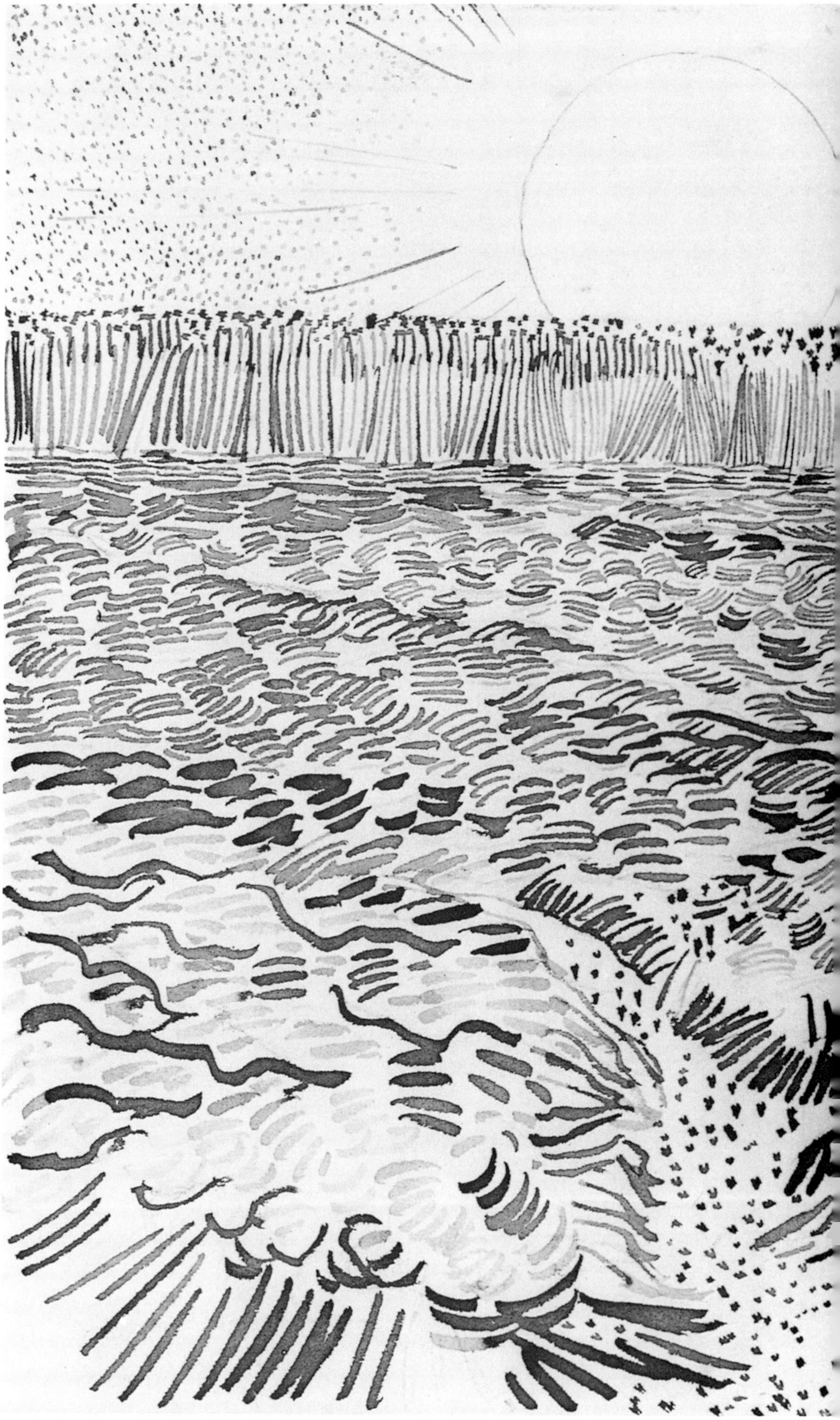

图 8
播种者

1888 年；纸上芦苇秆水笔与墨水；
24cm×32cm；
凡·高国立博物馆，阿姆斯
特丹

朗的《拉撒路升天》（彩色图版 41 和图 35）、德拉克洛瓦的《善良的萨马里塔尼》、杜米埃的《喝酒的人》以及米勒的《播种者》（彩色图版 26 和图 28）作为临摹范本，进而形成了自己的特色，这些提到的作品都蕴含着力量之美。心中不断咆哮的疾风促使他去往空旷之地——普罗旺斯的米斯特拉尔，那里的大风可以将树木和庄稼压倒在地。因而在他的画作中呈现出一种动态的抗争之美：绚丽的色调下，云朵在空中翻滚变幻，柏树在大风里沙沙作响。

借助丰富的触感，他将一切抽象情感具象表达。对此，他有两种处理触感的方式：要么像日本画家那样，通过最为精准的绘画技巧将土地、小船、雨水、大海等每个细节画出来；要么相反，像乔托的一贯做法那样，将一切简化处理，忽略细节，只重点强调房屋、小山和树木的形式与质感。他在给埃米尔·贝尔纳的信中写道："我尝试着只在画中保留最重要的东西……以简化的颜色勾勒轮廓边线。"正是这一处理方式，让他的作品有了超越自然的质感。

这些艺术特质综合在一起造就了他作品的独特风格。除了这些特点之外，我们也能通过色彩辨识出他的作品。他在阿尔勒时写给埃米尔·贝尔纳的信中，提到对色彩的描绘，他对韦罗内塞绿色、淡绿色、黄色（从橙色到淡柠檬黄各种黄色）、普鲁士蓝色、朱色、紫色和粉色大加赞赏。他痴迷于这些色彩，他将它们放在一起，通过颜色

图 9
阿尔勒公园

1888 年；纸上钢笔与墨水；
25.4cm×34.3cm；
凡·高国立博物馆，阿姆斯特丹

间的互相叠加或融合形成对比，从而达到画面的和谐。

一位曾接受凡·高建议的年轻画家说："凡·高总是将绘画比作音乐，他曾向一名老师学习乐器，想知道乐器的哪些音调与普鲁士蓝色、翠石绿色、镉粉色和黄赭色相对应。"

凡·高作品中色彩的纯粹与融汇之美从未被超越。大自然本身的美丽与壮观，同上帝在小鸟、蝴蝶、花朵和石头上创造出的美一样，让我们为之喜悦，为之惊叹。自然中所有这些色彩和形状都以它们本身或相似的形式体现在他的画作中。但是凡·高没有找到高于这些元素的灵感来源，因而他的艺术局限于此。

"哦，仲夏里的太阳多美啊！它的美直击我心，我毫不怀疑这种美会让人觉得有点奇怪。"凡·高在阿尔勒时曾写道。后来，凡·高邀请艺术家们拜访他的"朋友之家"，只有高更一人接受了邀请。他与高更谈论了很多与艺术相关的话题。高更说教式的腔调刺激了他易怒的神经，这也导致了后来悲剧的发生。有一次，凡·高好像是将一个玻璃杯砸向高更的脑袋；还有一次，他拿起剃刀威胁高更。可以肯定的是，凡·高在神经错乱的一刹那割下自己的耳朵，用纸包好，然后在凌晨三点前后把它留在了一家妓院。高更立即离开阿尔勒，而凡·高则因产生幻觉被送进医院。他的弟弟去探望了他。两周之后，

图 10
梦马约尔岩石

1888 年；纸上铅笔、钢笔、芦苇秆水笔和墨水；49cm×60cm；
凡·高国立博物馆，阿姆斯特丹

图 11

卡玛格牧牛人佩兴斯·埃斯卡利耶的肖像

1888 年；纸上铅笔、钢笔、芦苇秆水笔和墨水；
49.5cm×38cm；
马萨诸塞州剑桥；哈佛大学福格艺术博物馆提供；
格伦维尔·温思罗普遗赠

他的情绪恢复了平静，医生允许他出院。但阿尔勒的居民一起提交请愿书，称他是个危险的疯子，提出要限制他的自由。

  凡·高不得不回到医院，在随后的几个星期里，他完成了一些佳作：几幅自画像（其中一张描绘的是割下耳朵后的自己）、医院花园，有炉子、床和窗帘的房间。西涅克去探望凡·高，他们获准一起出去走走，他俩最远走到了凡·高的家。这次短暂的行程让凡·高筋疲力尽。在意识到自己最终还是要住在精神病院后，他选择了几英里外的圣雷米疗养院，在那里他分得两个房间，其中一个他用来做画室。在那里，他画出了许多描绘周遭事物的作品：各个角度下的房间、花园，窗外的风景（有柏树、橄榄树）（彩色图版42）、多幅自画像（彩色图版44）、医生、护工（彩色图版43）。南方的色彩最后一次让他沉醉。他在写给埃米尔·贝尔纳的信中描述了自己对颜色方方面面的细致观察。在那里，他创作出了最为成熟和漂亮的画作，完成了对伦勃朗、德拉克洛瓦、杜米埃、米勒的临摹之作。艺术成就上的巅峰终于让他品尝到成功的喜悦。《法国信使》上刊登了对他作品的评论文章，对他的作品大加赞赏，而提奥终于可以卖出一幅凡·高的画，这在以前几乎是不可能的。

  在圣雷米疗养院，他的灵魂再次获得了安宁。他头脑清醒、听命于天，在痛苦中保有幽默感。然而，凡·高的病情出现了反复，新一轮危机再次折磨他，有一次他吞下了大量颜料。圣雷米疗养院的日子

图12
星空

1889年；纸上钢笔和墨水；
47cm×62.3cm；
曾收藏于不来梅美术馆，毁于二战

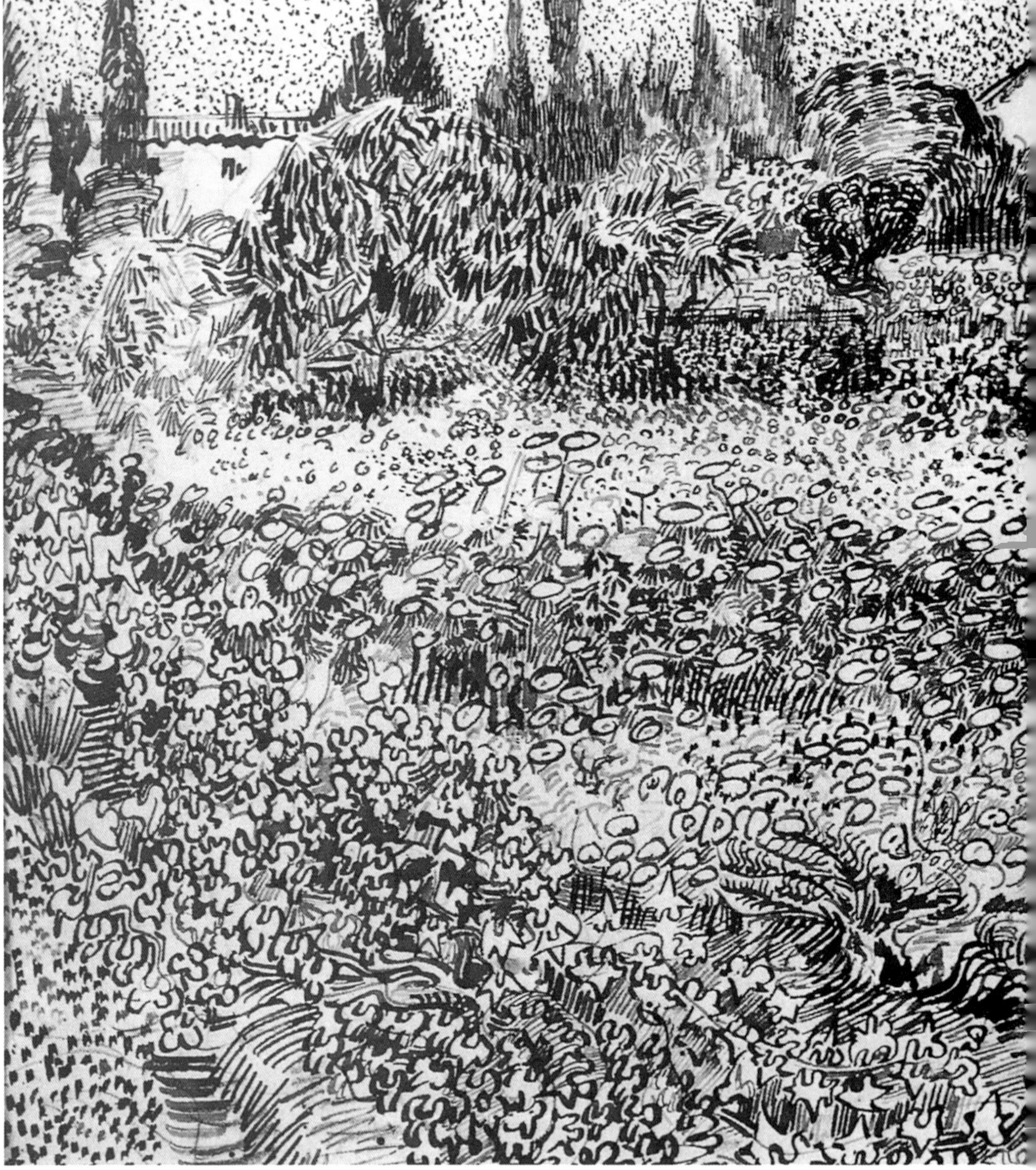

图 13
普罗旺斯花园

1888 年；纸上钢笔、芦苇秆水笔和墨水；
48.9cm×61cm；
奥斯卡·莱因哈特收藏；温特图尔

图14

老葡萄园与农妇

1890年；纸上铅笔和水墨；
43.5cm×54cm；
凡·高国立博物馆，阿姆斯特丹

让他难以忍受，在弟弟的建议下，他决定去奥维尔小镇，让印象派画家朋友加歇医生来照顾自己。1890年5月18日，他来到了巴黎，巴黎让他重新燃起创作的热情。三天后他到达了目的地奥维尔小镇。加歇医生友好的态度以及对他艺术作品的仰慕使他非常快乐，这段时光是他又一次艺术创作的活跃期。他拿着带有法兰西岛气息的调色板描绘瓦兹河河岸，大片大片的玉米地（三幅），奥维尔的马里恩。他还画加歇医生（彩色图版46）以及其他人的肖像。这是他生命中最后一次创作高潮。他在给弟弟的信中写道："要么我还你钱，要么我把灵魂给你。"

7月27日，他以射杀乌鸦为由，借了一把左轮手枪，走向田间，倚在树干上，朝自己的肚子开了一枪。他在自杀前最后对弟弟说的话是:"痛苦没有终结"。

六个月后,提奥也跟随着哥哥的脚步离开了人世,他被安葬在奥维尔小教堂,紧靠在凡·高墓旁。

生平简介

1853 年　3 月 30 日，出生于北布拉班特省津德尔特，父亲为当地新教牧师。

1857 年　5 月 1 日，凡·高弟弟提奥出生。

1865 年　被送往泽文伯根一所寄宿学校。

1869 年　通过艺术交易商伯父的关系，在古皮海牙办事处做销售员，这是一家由艺术交易商和印刷商组成的公司。

1873 年　被调至古皮伦敦分公司。

1874 年　10 月，被派往巴黎。

1875 年　搬至公司巴黎总部。看了大量米勒素描与粉蜡画展。

1876 年　3 月，被古皮公司解雇。到英国拉姆斯盖特一所贫困儿童学校教书，之后到伦敦郊外一所教会学校做助理。前往伦敦画廊看展。

1877 年　1 月至 4 月，在多德雷赫特书店工作。5 月前往阿姆斯特丹大学学习神学。

1878 年　因希腊文、希伯来文学业过于繁重而中途退学。搬至布鲁塞尔接受传教士培训。11 月被派往比利时南部博里纳日矿区。

1879 年　被逐出教会，因资格不足未能被任命为牧师。

1880 年　夏天，立志成为画家，在弟弟资助下开始画画，临摹研究米勒、杜比尼、鲁索作品。10 月，前往艺术中心布鲁塞尔，结识荷兰年轻艺术家安东·范·拉帕德。

1881 年　4 月，回到布拉班特埃腾，画当地农民。8 月，前往海牙，与当地艺术家接触，尤其是安东·莫夫。12 月，离家，定居海牙，开始在莫夫指导下工作。

1883 年　9 月，离开海牙，搬至海牙艺术家喜爱的荷兰北部德伦特认真研究绘画。12 月，前往布拉班特尼厄嫩的新家。

1885 年　绘成《吃马铃薯的人》，是研究当地农民与织工的顶峰之作。11 月搬至安特卫普。

1886 年　3 月，旅行至巴黎，与弟弟住在一起。加入费尔南·科尔蒙工作室。秋天，结识约翰·鲁塞利，后者向他介绍印象派画技。之后认识了其他法国画家——西涅克、贝尔纳和高更。

1888 年　离开巴黎前往普罗旺斯阿尔勒，在此之前不久参观了修拉工作室。10 月至 12 月，高更短期来访。

1889 年　5 月，作为自愿入院病人进入圣雷米圣保罗-德-莫索尔疗养院。他继续绘画，西涅克曾来探望。

1890 年　1 月，艾伯特·奥瑞尔在《法国信使》上发表了一篇有关他作品的文章。参展比利时"二十人展"，作品《红色葡萄园》出售给安娜·博沙。5 月，搬至奥维尔，途中经过巴黎。7 月 27 日，朝自己肚子开枪。7 月 29 日，去世。

图 15
两幅自画像与若干细节

1887 年；纸上铅笔、钢笔和墨水；31.6cm×24.1cm；
凡·高国立博物馆，阿姆斯特丹

参考文献

J. B. de la Faille, The Works of Vincent van Gogh, Amsterdam, 1970

C. Chetham, The Role of Vincent van Gogh's Copies in the Development of his Art, New York, 1976

L. Gans et al., Vincent van Gogh: Catalogue of the Collection in the Rijksmuseum Kroeller–Muller, Otterlo, 1970

V. van Gogh, Verzamelde Brieven, Amsterdam,1974

V. van Gogh, Complete Letters, London and New York, 1959

A. M. Hammacher, Van Gogh: A Documentary Biography, London, 1982

S. Loevgren, The Genesis of Modernism, Bloomington, 1971

H. Marius, Dutch Painting in the Nineteenth Century, London, 1973

G. Nordenfalk, 'Van Gogh and Literature', Journal of the Warburg and Courtauld Institutes, 1947: Vol. 10

E. Orton, 'Van Gogh's Interest in Japanese Prints', Vincent, 1971, Vol. 1:3

D. Outhwaite, Van Gogh's Auvers Period, London University M.A. Thesis, 1969

R. Pickvance, English Influences on Van Gogh, London, 1974

R. Pickvance, Van Gogh in Arles, New York, 1984

R. Pickvance, Van Gogh in Saint–Rémy and Auvers, New York, 1986

G. Pollock, Van Gogh and the Hague School, London University M.A. Thesis, 1972

G. Pollock and F. Orton, Vincent van Gogh, London, 1978

G. Pollock, Van Gogh's Dutch Years, Amsterdam, 1980

J. Rewald, Post–Impressionism from Van Gogh to Gauguin, New York, 1956

M. Roskill, Van Gogh, Gauguin and the Impressionist Circle, London, 1970

M. Roskill, 'Van Gogh's "Blue Cart" and his Creative Process', Oud Holand, 1966, Vol. 81:1

M. Schapiro, Van Gogh, New York, 1950

L. van Tilborgh and J. van der Wolk (eds), Vincent van Gogh: Paintings and Drawings, Otterlo and Amsterdam, 1990

B. Welsh Ovcharov, Van Gogh In Perspective, Englewood Cliffs, 1974

B. Welsh Ovcharov, Vincent van Gogh: His Paris Period, 1886–1888, Utrecht, 1976

插图列表

彩色图版

1. 农舍
   1883年9月；硬纸板画布油画；36cm×55.5cm；
   凡·高国立博物馆，阿姆斯特丹

2. 一捆捆的小麦
   1885年8月；布面油彩；40cm×30cm；
   库勒-穆勒博物馆，奥特罗

3. 女人侧面画像
   1885年12月；布面油彩；60cm×50cm；
   私人收藏；纽约

4. 铜花瓶里的皇冠御贝母花
   1887年春天或夏天；布面油彩；
   73.5cm×60.5cm；奥塞美术馆，巴黎

5. 有云雀的麦田
   1887年夏天；布面油彩；54cm×64.5cm；
   凡·高国立博物馆，阿姆斯特丹

6. 戴灰色毡帽的自画像
   1887年；布面油彩；44cm×37.5cm；
   凡·高国立博物馆，阿姆斯特丹

7. 唐吉老爹肖像
   1887年末；布面油彩；92cm×75cm；
   罗丹美术馆，巴黎

8. 画架前的自画像
   1888年1月；布面油彩；65cm×50.5cm；
   凡·高国立博物馆，阿姆斯特丹

9. 巴黎：煎饼磨坊
   1886年春天；布面油彩；38.5cm×46cm；
   库勒-穆勒博物馆，奥特罗

10. 阿斯涅尔的美人鱼餐厅
    1887年夏天；布面油彩；57cm×68cm；
    卢浮宫，巴黎

11. 巴黎近郊蒙马特
    1887年夏天；纸上水彩；39.5cm×53.5cm；
    阿姆斯特丹市立博物馆，阿姆斯特丹

12. 黄房子，拉马丁广场，阿尔勒
    1888年9月；布面油彩；76cm×94cm；
    凡·高国立博物馆，阿姆斯特丹

13. 阿尔勒吊桥
    1888年3月；纸上水彩；30cm×30cm；
    私人收藏

14. 阿尔勒夜间的露天咖啡馆
    1888年9月；布面油彩；81cm×65.5cm；
    库勒-穆勒博物馆，奥特罗

15. 去往塔拉斯贡的画家
    1888年8月；布面油彩；48cm×44cm；
    毁于二战

16. 圣玛利拉莫尔海滩的渔船
    1888年6月；纸上水彩；39cm×54cm；
    地点不详

17. 卸沙
    1888年8月；布面油彩；55cm×65cm；
    福克博物馆，埃森

18. 高更的椅子
    1888年12月；布面油彩；90.5cm×72cm；
    凡·高国立博物馆，阿姆斯特丹

19. 黄色椅子
    1888年12月至1889年1月；布面油彩；
    93cm×73.5cm；英国国家美术馆，伦敦

20. 阿尔勒阿利斯康
    1888年10月；布面油彩；73cm×92cm；
    库勒-穆勒博物馆，奥特罗

21. 有咖啡壶的静物画
    1888年5月；布面油彩；65cm×81cm；
    私人收藏；巴黎

22. 静物：向日葵
    1888年8月；布面油彩；93cm×73cm；
    英国国家美术馆，伦敦

23. 艺术家的卧室
    1888年10月；布面油彩；72cm×90cm；
    凡·高国立博物馆，阿姆斯特丹

24. 拉克罗平原上的收获景象（"蓝色推车"）
    1888年6月；布面油彩；72.5cm×92cm；
    凡·高国立博物馆，阿姆斯特丹

25. 普罗旺斯的干草垛
    1888年6月；布面油彩；73cm×92.5cm；
    库勒-穆勒博物馆，奥特罗

26. 播种者
    1888年秋天；布面油彩；32cm×40cm；
    凡·高国立博物馆，阿姆斯特丹

27. 有果园的拉克罗平原
    1889年4月；布面油彩；65.5cm×81.5cm；
    考陶尔德艺术学院画廊，伦敦

28. 阿尔勒鲜花盛开的果园
    1889年4月；布面油彩；72cm×92cm；
    斯图加特州立绘画馆，慕尼黑

29. 阿莱城的基诺夫人
    1888年11月；布面油彩；90cm×72cm；
    大都会艺术博物馆，纽约

30. 米列肖像（"朱阿夫兵"）
    1888年6月至8月；布面油彩；
    81cm×65cm；私人收藏

31. 女孩肖像（"莫斯梅"）
    1888年7月；布面油彩；74cm×60cm；
    切斯特·戴尔收藏；国立美术馆，华盛顿

32. 尤金·博赫肖像（"诗人"）
    1888年9月；布面油彩；60cm×45cm；
    奥赛美术馆，巴黎

33. 邮差约瑟夫·鲁兰肖像
    1889年1至2月；布面油彩；65cm×54cm；
    库勒-穆勒博物馆，奥特罗

34. 奥古斯丁·鲁兰夫人肖像（"摇篮曲"）
    1889年1月；布面油彩；92cm×73cm；
    库勒-穆勒博物馆，奥特罗

35. 阿曼德·鲁兰肖像
    1888年11月；布面油彩；65cm×54cm；
    博伊曼斯博物馆，鹿特丹

36. 静物画：画板和洋葱
    1889年1月；布面油彩；50cm×64cm；
    库勒-穆勒博物馆，奥特罗

37. 峡谷
    1889年12月；布面油彩；72cm×92cm；
    库勒-穆勒博物馆，奥特罗

38. 日落时分的冷杉
    1889年10至12月；布面油彩；92cm×73cm；
    库勒-穆勒博物馆，奥特罗

39. 日出时分的麦田围地
    1890年春天；布面油彩；72cm×93cm；
    库勒-穆勒博物馆，奥特罗

40. 冬天风景：北方回忆
    1890年3至4月；布面油彩；29cm×36.5cm；
    凡·高国立博物馆，阿姆斯特丹

41. 伦勃朗蚀刻画《拉撒路升天》中的一幕
    1890年5月；布面油彩；48.5cm×63cm；
    凡·高国立博物馆，阿姆斯特丹

42. 有丝柏和星星的小路
    1890年5月；布面油彩；92cm×73cm；
    库勒-穆勒博物馆，奥特罗

43. 圣保罗医院护工特拉布肖像
    1889年9月4至10日；布面油彩；
    61cm×46cm；Mrs. G. Dübi-Müller基金会；
    索洛图恩，瑞士

44. 自画像
    1889年9月；布面油彩；65cm×54cm；
    奥赛美术馆，巴黎

45. 静物：鸢尾花
    1890年5月；布面油彩；72cm×94cm；
    凡·高国立博物馆，阿姆斯特丹

46. 加歇医生肖像
    1890年6月；布面油彩；66cm×57cm；
    私人收藏，纽约

47. 奥维尔杜比尼的花园
    1890年6月17日前；布面油彩；
    51cm×51cm；凡·高国立博物馆，阿姆斯特丹

48. 奥维尔附近的风景：麦田
    1890年7月；布面油彩；73.5cm×92cm；
    斯图加特州立绘画馆，慕尼黑

文中插图

1. 约翰·鲁塞利：凡·高肖像
    1886年；布面油彩；60cm×45cm；
    凡·高国立博物馆，阿姆斯特丹

2. 拿着镰刀的年轻农民
    1881年；纸上黑粉笔、水彩；47cm×61cm；
    库勒-穆勒博物馆，奥特罗

3. 海牙老街道
    1882年；纸上钢笔、墨水和铅笔；
    25cm×31cm；库勒-穆勒博物馆，奥特罗

4. 矿工上工
    1880年；纸上铅笔；44.5cm×56cm；
    库勒-穆勒博物馆，奥特罗

5. 悲伤
    1882年；纸上铅笔、钢笔与墨水；
    44.5cm×27cm；加曼-瑞安收藏；
    沃尔索尔美术馆

6. 波拉德柳树与牧羊人
    1884年；纸上钢笔、铅笔和不透明颜料；
    39.4cm×54.6cm；凡·高国立博物馆，
    阿姆斯特丹

7. 吃马铃薯的人
    1885年；石版画；26.5cm×30.5cm；
    凡·高国立博物馆，阿姆斯特丹

8. 播种者
    1888年；纸上芦苇秆水笔与墨水；
    24cm×32cm；
    凡·高国立博物馆，阿姆斯特丹

9. 阿尔勒公园
    1888年；纸上钢笔与墨水；25.4cm×34.3cm；
    凡·高国立博物馆，阿姆斯特丹

10. 梦马约尔岩石
    1888年；纸上铅笔、钢笔、芦苇秆水笔和墨

水；49cm×60cm；凡·高国立博物馆，阿姆斯特丹

11. 卡玛格牧牛人佩兴斯·埃斯卡利耶的肖像
    1888年；纸上铅笔、钢笔、芦苇秆水笔和墨水；49.5cm×38cm；马萨诸塞州剑桥；哈佛大学福格艺术博物馆提供；格伦维尔·温思罗普遗赠

12. 星空
    1889年；纸上钢笔和墨水；47cm×62.3cm；曾收藏于不来梅美术馆，毁于二战

13. 普罗旺斯花园
    1888年；纸上钢笔、芦苇秆水笔和墨水；48.9cm×61cm；奥斯卡·莱因哈特收藏；温特图尔

14. 老葡萄园与农妇
    1890年；纸上铅笔和水墨；43.5cm×54cm；凡·高国立博物馆，阿姆斯特丹

15. 两幅自画像与若干细节
    1887年；纸上铅笔、钢笔和墨水；31.6cm×24.1cm；凡·高国立博物馆，阿姆斯特丹

对比插图

16. 两个妇女在挖地
    1883年10月；布面油彩；27cm×35.5cm；凡·高国立博物馆，阿姆斯特丹

17. 拾落穗的农妇
    1885年8月；纸上黑粉笔；51.5cm×41.5cm；福克博物馆，埃森

18. 托着腮的女人
    1882年4月；纸上钢笔、铅笔、乌贼墨颜料和水墨；58cm×42cm；库勒-穆勒博物馆，奥特罗

19. 克里奇林荫大道风景（细节）
    1886年末或1887年春天；布面油彩；46.5cm×55cm；
    凡·高国立博物馆，阿姆斯特丹

20. 巴黎近郊：拉巴瑞热周边城墙
    1887年；纸上水彩；39.5cm×53.5cm；凡·高国立博物馆，阿姆斯特丹

21. 从麦田里看到的阿尔勒
    1888年夏天；纸上钢笔和墨水；31.5cm×24cm；私人收藏

22. 雅各布·马里斯：吊桥
    1875年；纸上水彩；28.3cm×21.6cm；凡·高国立博物馆，阿姆斯特丹

23. 克劳德·莫奈：埃特雷塔船只
    1884年；布面油彩；72.9cm×92.8cm；约翰·惠特尼夫妇收藏；纽约

24. 保罗·高更：自画像
    1888年9月；布面油彩；45cm×56cm；凡·高国立博物馆，阿姆斯特丹

25. 艺术家卧室
    1888年10月17日；554信件上速写；凡·高国立博物馆，阿姆斯特丹

26. 拉克罗平原上的收获景象（"蓝色推车"）
    1888年6月，纸上水彩和墨水；39.5cm×52.2cm；马萨诸塞州剑桥；哈佛大学福格艺术博物馆提供；格伦维尔·温思罗普遗赠

27. 干草垛
    1888年6月；纸上芦苇秆水笔和墨水；24cm×31.5cm；艺术博物馆，布达佩斯

28. 收割者（细部）
    1889年7月；布面油彩；73cm×92cm；凡·高国立博物馆，阿姆斯特丹

29. 基诺夫人肖像，在保罗·高更素描之后绘制
    1890年1至2月；布面油彩；65cm×49cm；库勒-穆勒博物馆，奥特罗

30. 592信件上速写
    1889年5月；凡·高国立博物馆，阿姆斯特丹

31. 阿曼德·鲁兰
    1888年11月；布面油彩；66cm×55cm；福克博物馆，埃森

32. 阿尔皮勒斯的橄榄林
    1889年；纸上铅笔、芦苇秆水笔和墨水；47cm×62.5cm；国家画廊，东柏林

33. 223信件上透视速写
    1882年；凡·高国立博物馆，阿姆斯特丹

34. 农民吃饭
    1890年4月；纸上黑粉笔；34cm×50cm；凡·高国立博物馆，阿姆斯特丹

35. 伦勃朗·凡·莱茵：拉撒路升天
    约1632年；蚀刻画；伦敦大英博物馆委托人提供复制品

36. 钢琴旁的玛格丽特·加歇
    1890年6月；布面油彩；102cm×50cm；巴塞尔美术馆

37. 奥维尔平原
    1890年6月；布面油彩；50cm×101cm；维也纳艺术史博物馆

1 农舍
Farmhouses

1883年9月；硬纸板画布油画；36cm×55.5cm；凡·高国立博物馆,阿姆斯特丹

1880年夏天，凡·高决心成为职业画家，但直到1883年秋天，他才真正对油画产生了兴趣。在海牙期间，他一直用油彩进行试验，以油彩来表现海牙现代城市生活，但结果并不令人满意。1883年9月，他前往北方德伦特省，正是在这里，他画出了这幅习作：苔痕斑斑的茅草屋农舍。前往德伦特意味着凡·高决心将乡村生活和劳动作为自己的艺术创作主题。油画是他表达这些主题的全新媒介。凡·高对风景画的初次尝试十分笨拙：画幅小，下笔犹豫，涂色厚重，色调暗沉。除了少数画作（图16），大多数作品表现的风景并不包含人物，空间狭小，几乎没有距离感可言。视角低而近，这样的画作并没有传达出他在给弟弟的信中经常描述的德伦特风景的那种空旷感。

图16
两个妇女在挖地

1883年10月；布面油彩；
27cm×35.5cm；
凡·高国立博物馆，阿姆斯特丹

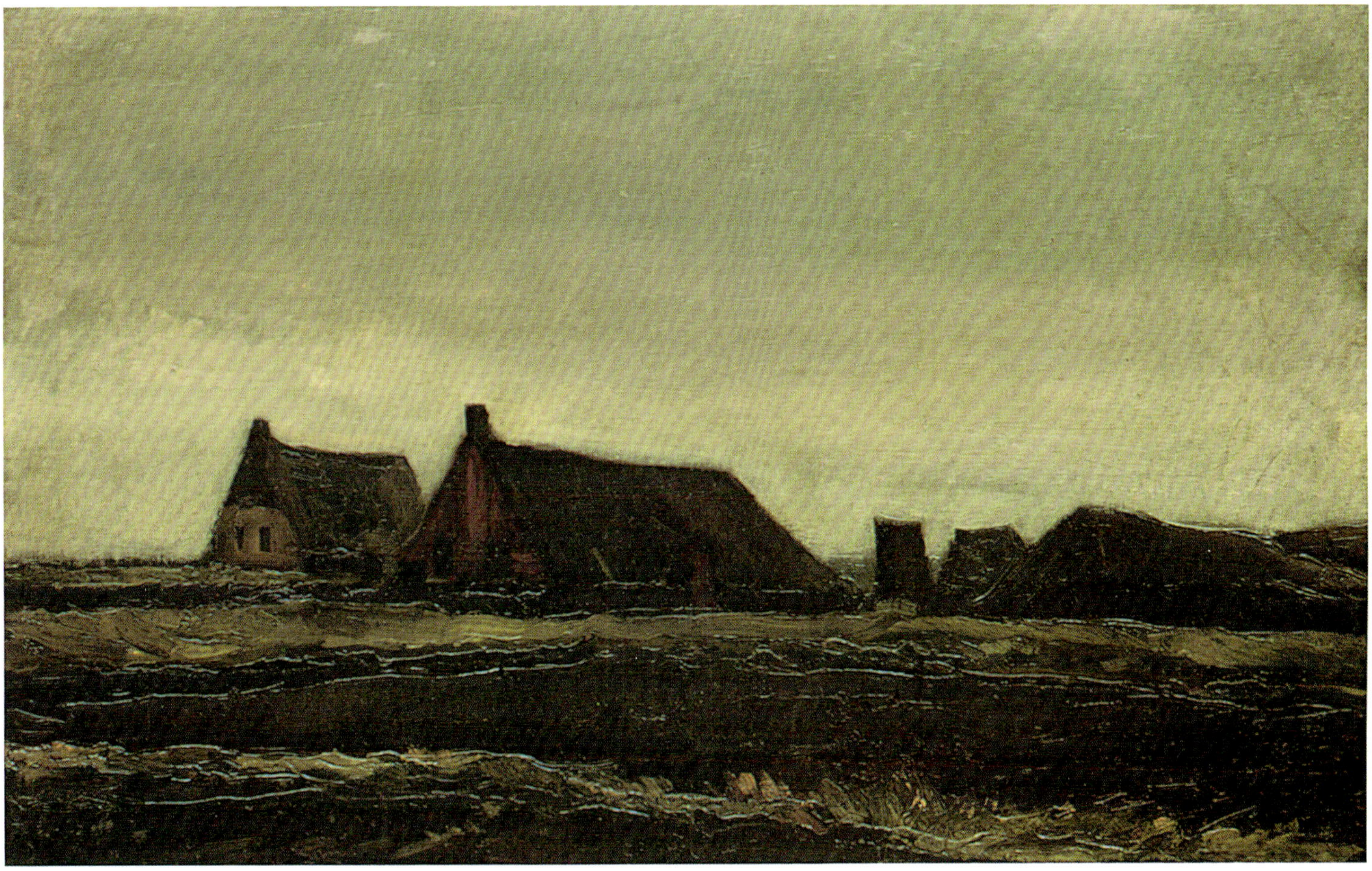

2 一捆捆的小麦
Sheaves of Wheat

1885年8月；布面油彩；40cm×30cm；库勒-穆勒博物馆，奥特罗

1883年12月，凡·高搬回布拉班特，那是他成长的地方。如果说德伦特是凡·高艺术之路的起点，那么在布拉班特，即"乡村生活的中心"，他实现了成为艺术家的愿望。他将成为一名农民画家，追随让·弗朗索瓦·米勒的脚步，后者对凡·高而言是农民画家和现代艺术的奠基人。在尼厄嫩，凡·高能从人物身上看到更多的内容，布拉班特的农民经常失业，由于他们需要钱，所以同意为画家当模特。在尼厄嫩这一时期他最为重要的作品是《吃马铃薯的人》，画面由多个农民构成，画的是他们在家里吃饭，这幅作品遭到了严厉批评。凡·高的朋友、艺术家伙伴范·拉帕德提出质疑，认为凡·高根本无法与米勒相提并论。为了回应这一质疑，凡·高开始创作一系列大幅作品（图17），男人、女人们挖地、砍柴、拾落穗——这些画面都曾在米勒的系列画作"田间劳作"中出现过。面对外界对《吃马铃薯的人》的质疑，凡·高很失望，但也做出了回应，他回归到纯粹的风景创作，不过使用的是比德伦特时期更为明亮、丰富的色调。这幅《一捆捆的小麦》正是这些全新色调的代表作。主题的集中性和比例的不同通过同色系中变化不一的黄金色调来表现，使麦穗几乎呈现出一个人的模样。

图17
拾落穗的农妇

1885年8月；纸上黑粉笔；
51.5cm×41.5cm；
福克博物馆，埃森

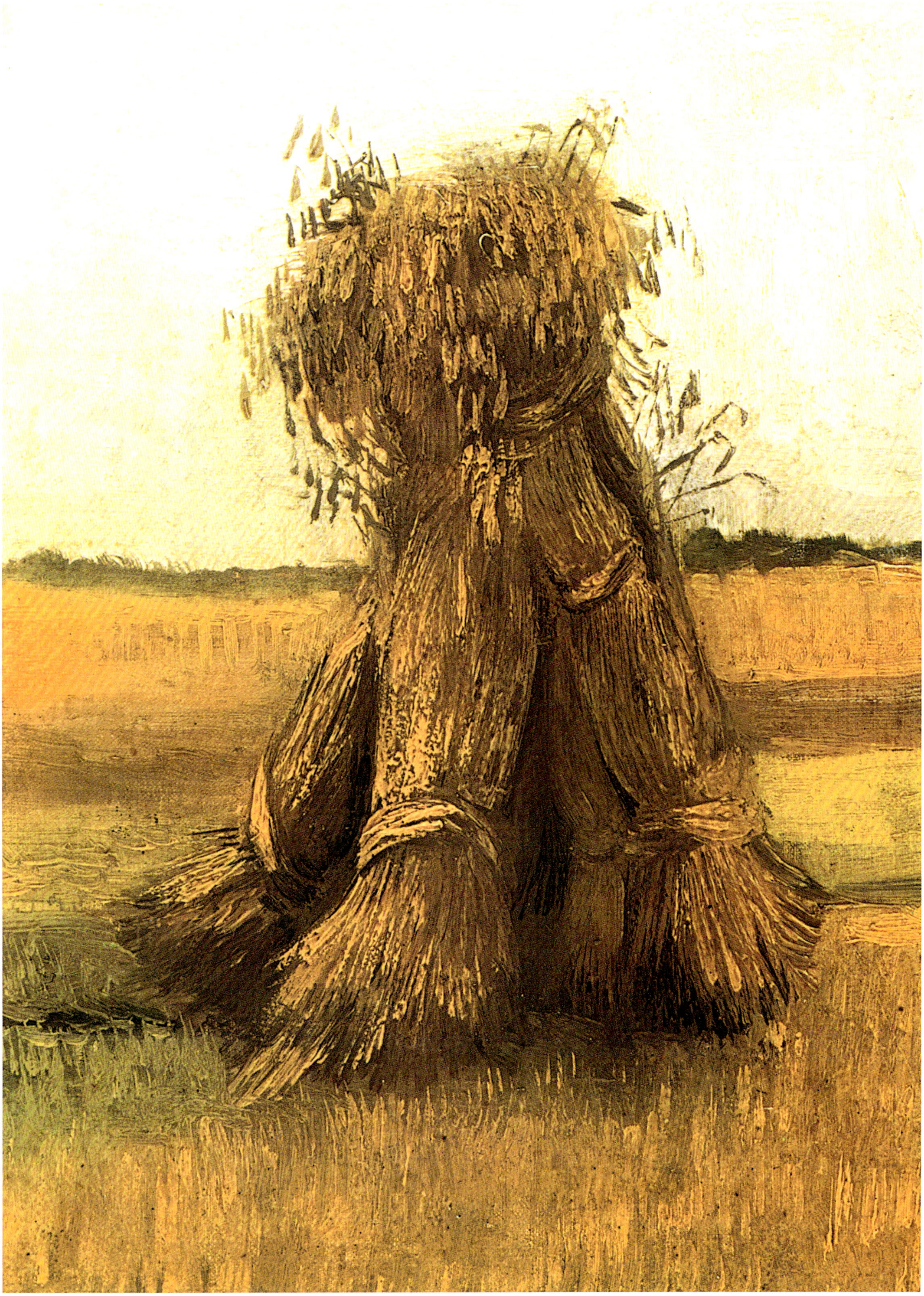

3 女人侧面画像
Portrait of a Woman in Profile

1885年12月；布面油彩；60cm×50cm；私人收藏；纽约

凡·高意识到自己尝试乡村风格失败之后，决心回到城市。他打算去巴黎，希望从弟弟提到的巴黎新绘画运动中获得作品创作的新方向。为了这次巴黎之行以及为创作有关巴黎城市人口的主题做准备，凡·高先到了比利时的安特卫普港。那里三个月的时光为他带来了重要的变化。他参观了博物馆，仔细研究弗兰斯·哈尔斯的肖像技法和配色技巧，在一系列实验性肖像画中，他运用的正是哈尔斯画中的热烈笔触及堆积用色。除了几幅有关安特卫普地标、港口咖啡馆内外以及周边风景的素描画外，凡·高还专注于肖像画创作。这幅肖像画模特是一个咖啡厅里的女人，该主题与现代城市生活有关。但凡·高并没有把她设定在某一社交场合或社会属性下，也没有像他早期在海牙期间为妓女克拉西娜·霍尔尼克画肖像时那样，描绘一种富有表现、叙事性或充满柔情的姿势。(图18)。

图18
托着腮的女人

1882年4月；纸上钢笔、铅笔、乌贼墨颜料和水墨；58cm×42cm；库勒-穆勒博物馆，奥特罗

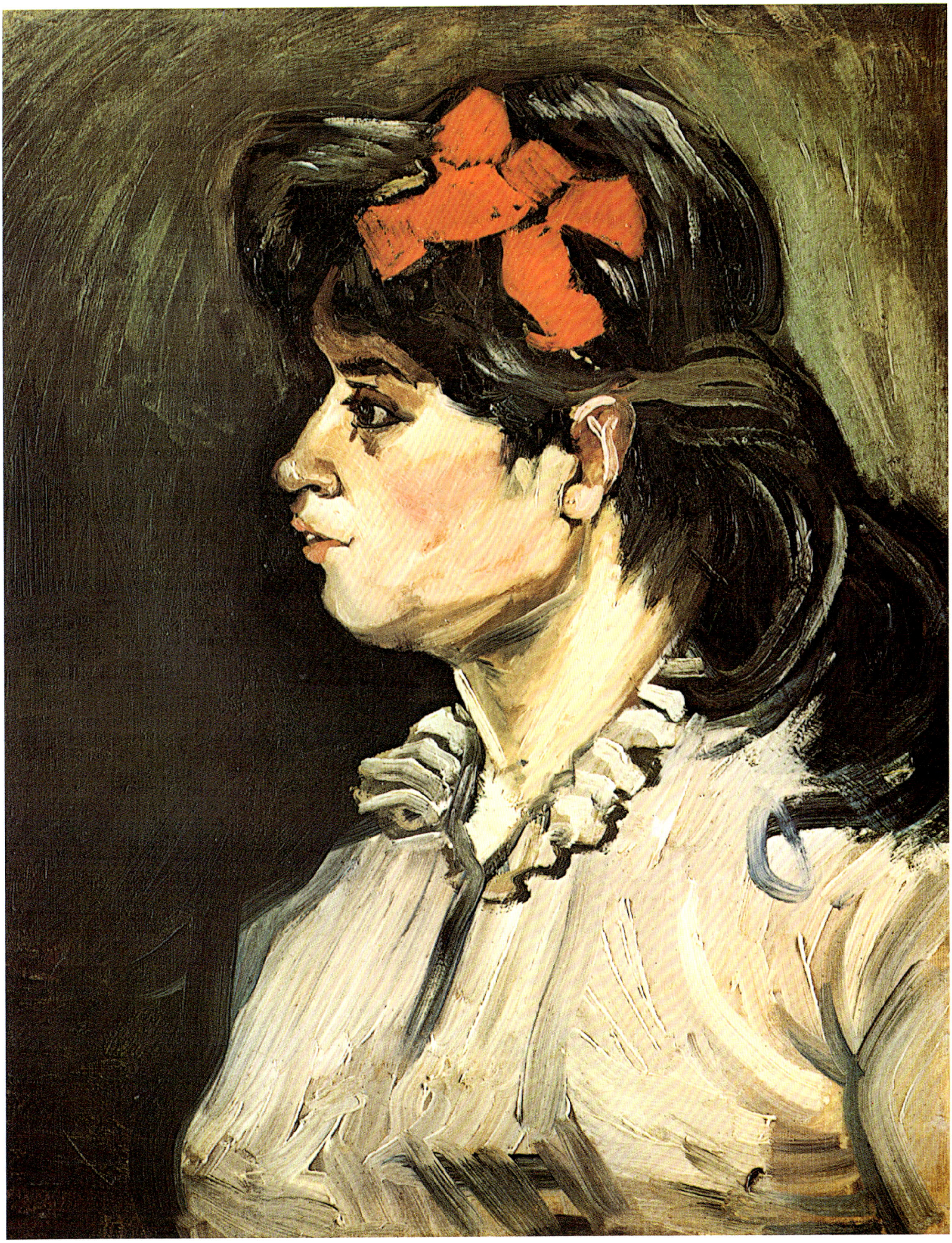

4　铜花瓶里的皇冠御贝母花
Flowers (Fritillaries) in a Copper Vase

1887年春天或夏天；布面油彩；73.5cm×60.5cm；奥塞美术馆，巴黎

　　1886年3月，凡·高来到巴黎。尽管他看到大量当代法国印象派画家及其追随者们的绘画作品，比如修拉的《大碗岛星期天的下午》（1886；芝加哥艺术博物馆）曾展出过两次，但至少在一年时间里他对此都不太在意。正如一封写给在安特卫普时遇到的英国艺术家的信中所叙述的那样，他仍继续着自己在安特卫普时的工作。他再一次来到画室，参照石膏模型和模特画裸体。由于他雇不起模特，他画了大量花卉静物，以此研究哈尔斯和德拉克洛瓦的色彩理论。他写道："我尝试以热烈的色彩而不是用灰色系的色彩来表达。"这幅画证实了他为达到这一目标所做出的努力，同时也呈现出他当时在颜料运用上的多种尝试：蓝色背景墙面布满小笔触；桌面上有着固定指向的笔触；金属制花瓶上的厚涂高光；植物颜色与实际相符；每片叶子均仔细勾勒，在花头的描绘方面，上色更为艳丽、厚重，笔触在画面上重重扫过。

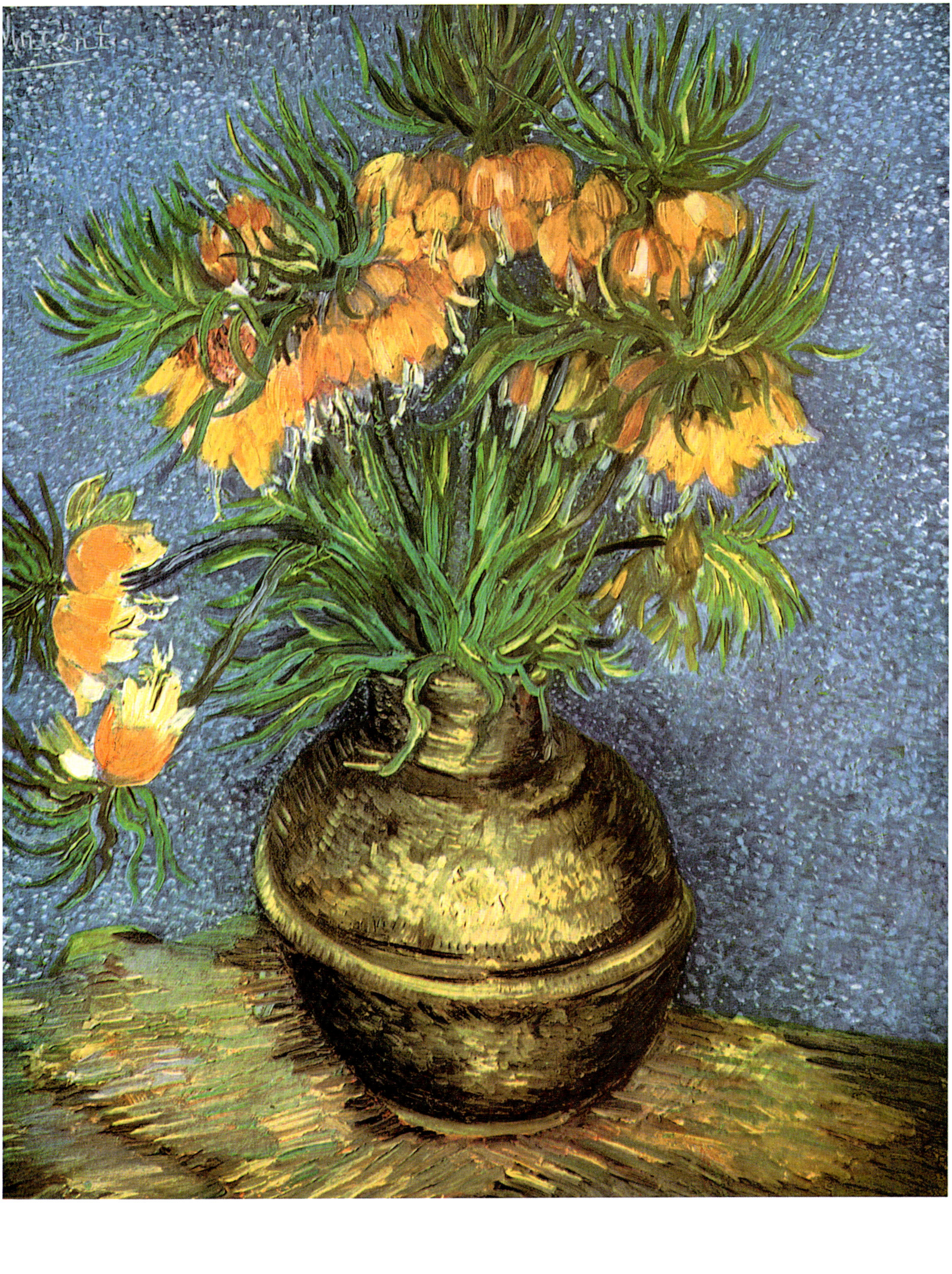
Vincent

5 有云雀的麦田
Cornfield with a Lark

1887年夏天；布面油彩；54cm×64.5cm；凡·高国立博物馆，阿姆斯特丹

在写给英国画家勒文斯的信中，凡·高的确提到了印象派画家克劳德·莫奈。1886年秋天，凡·高结识了澳大利亚画家约翰·鲁塞利，后者整个夏天都和莫奈一起在布列塔尼画画。很有可能是鲁塞利最先向凡·高诠释了莫奈作品以及印象派的绘画原则。在接下来的几个月时间里，凡·高对这些新见解进行了探索，还结识了其他巴黎先锋派艺术家。不过当我们去看这幅创作于1887年的风景画时，似乎并没有看到这些新见解对他画作的影响。没错，他这时的色彩运用的确与德伦特及尼厄嫩时期有所差别，上色笔触小巧，并不粗犷，色相差别不大。但在构图上，凡·高却保留了自己之前的经典风景画构图方法，尤其是德伦特时期的构图：视角低而近。画布在水平方向上粗略地划分为三块，草丛为前景，然后是玉米地，在上方是一片广阔蓝天，并没有营造出印象派绘画中精巧或明亮的气氛。天空并不是光源所在，因此这幅画的颜色，虽然在色调上比以前更为丰富、明亮，但这种明亮的感觉并不是来自从空中洒落下来、向四周漫射的阳光。此外，每一个对象、每一片草和每一根玉米茎，轮廓都予以仔细刻画，画面并没有局限在色彩与光线中。这幅画不仅描绘了玉米地的外观，也画出了实物的触感。

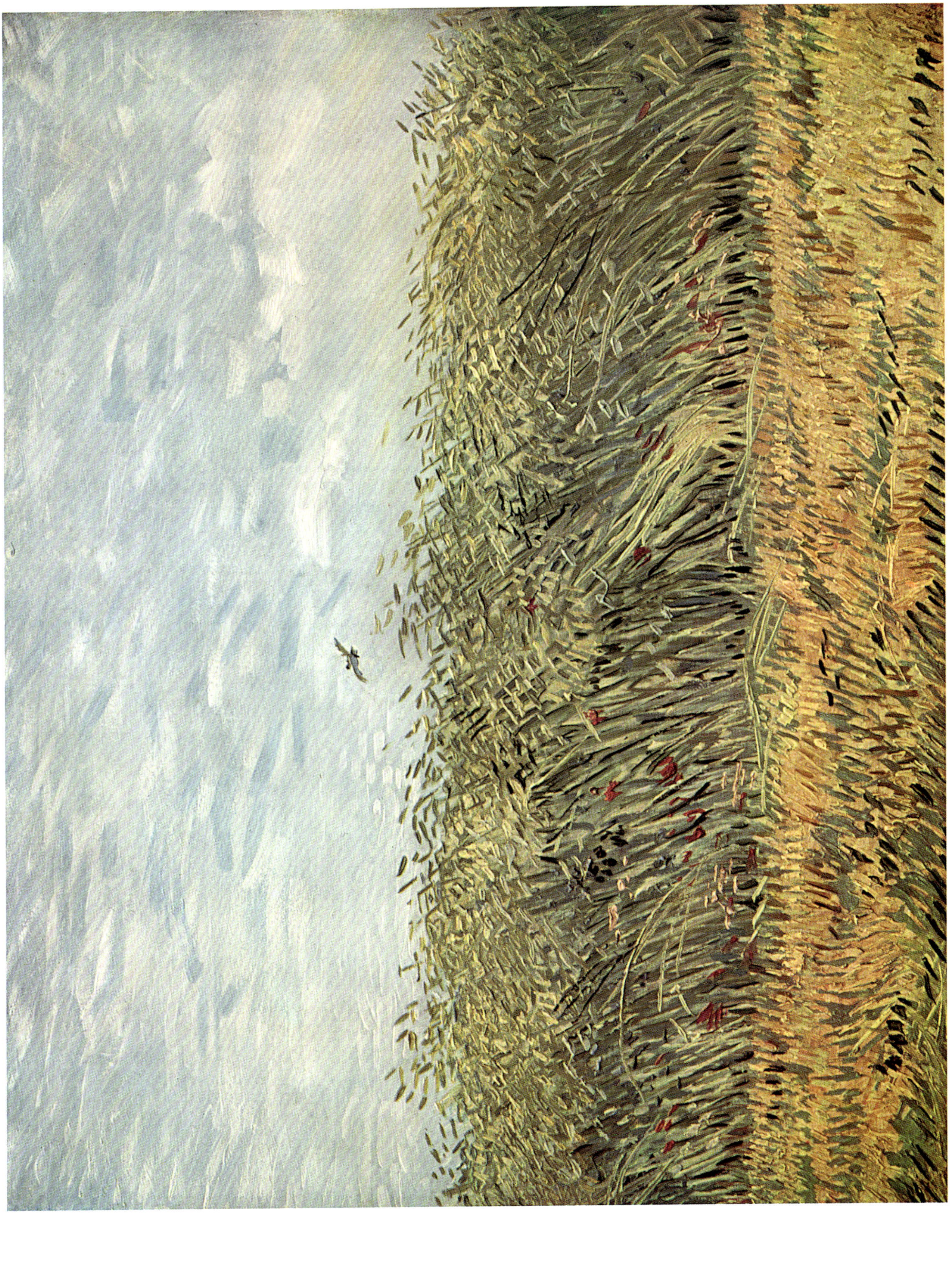

6 戴灰色毡帽的自画像
Self-Portrait with Grey Felt Hat

1887年；布面油彩；44cm×37.5cm；凡·高国立博物馆，阿姆斯特丹

凡·高经常以自己为模特练习人物画像。他在巴黎的自画像正是对自己实验绘画的记录。人们经常说，这幅1887年秋天绘制的画有力地证明了新印象派（修拉、西涅克等艺术家创作出的一种技法，即圆点堆砌上色，这种技法被称为点彩派或分色主义）对凡·高产生的影响。但这幅画不一样的是，并没有系统性地运用统一的上色技法，背景中使用分散的色点，整体上缩小笔触，这成了凡·高标志性的技法。凡·高在画布上每一区域都使用独特标记，这些截然不同、几乎属于平面体系的标识与所呈现的对象或质感相关。在面部与头部处理上，笔触具有方向性，依照头部结构与体积，面部毛发质地和生长方向绘制。此外，这幅画向我们呈现出凡·高在巴黎时的样子。他将自己描绘成身着西装、头戴礼帽的样子，完全是城里人的形象。

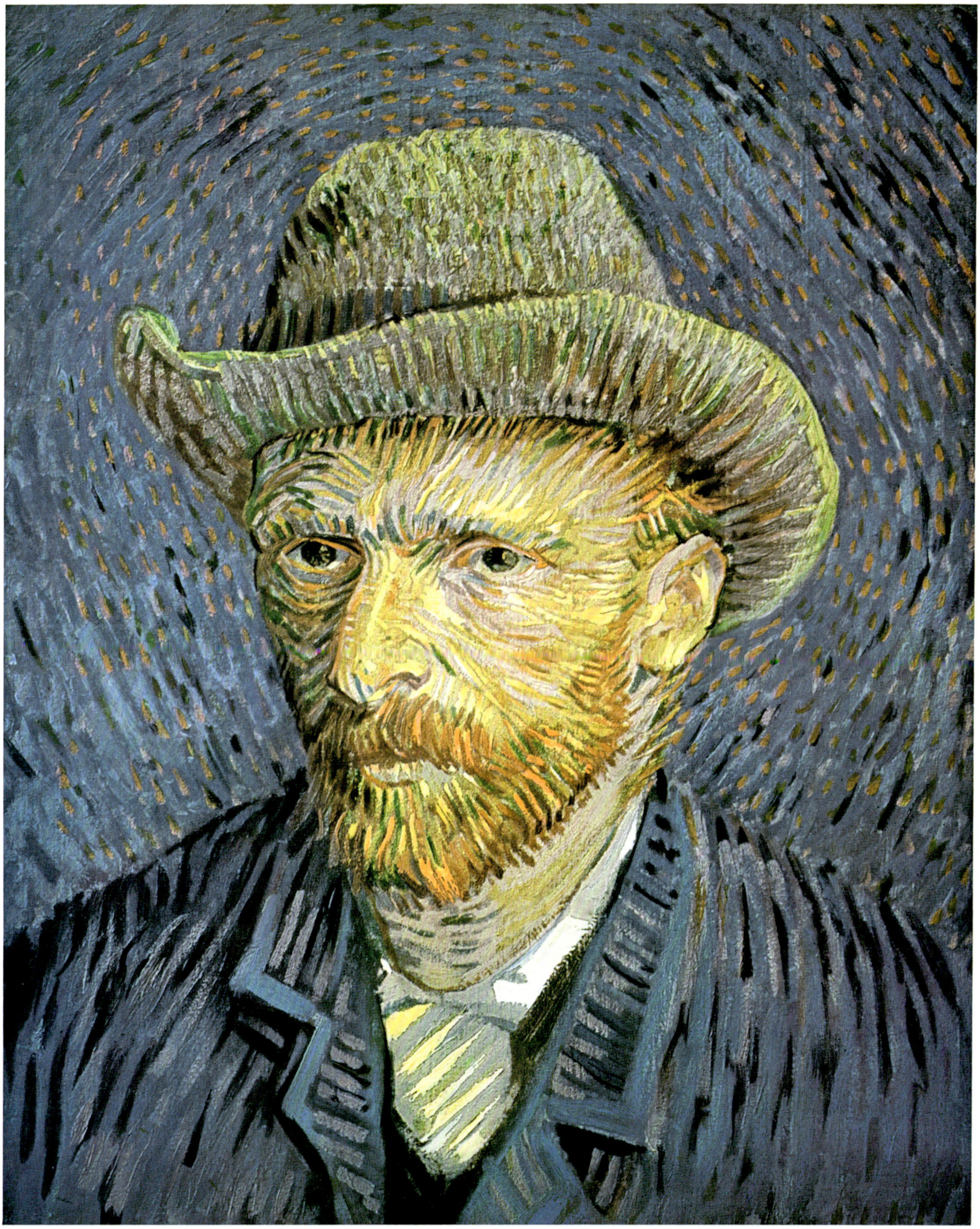

7 唐吉老爹肖像
Portrait of Julien (Père) Tanguy

1887年末；布面油彩；92cm×75cm；罗丹美术馆，巴黎

　　这幅肖像画里坐着的人是颜料商唐吉老爹，他曾是布列塔尼农民，后来到巴黎定居，在拉克泽尔街经营一间小颜料店。先锋派艺术家经常光顾这家小店，并以自己的作品作抵押换得唐吉老爹店里的画材。渐渐地，他的店铺变成了展示作品的画廊。1887年秋天和初冬，凡·高画了两幅唐吉老爹肖像画，都是以他早先收藏的日本木刻版画（在安特卫普时期，他就开始收集，后来到了巴黎收集得更多）做背景元素。唐吉老爹占据画布中央位置，面向观众。不过这位巴黎商人的肖像并不以某个城市或国家为背景设定，而是以想象中的场景为背景设定：日本的季节性风景以及穿着戏服的人物。尽管凡·高选择这样的背景明显是出于他对日本版画的喜爱（他也选取过这时期的版画进行临摹），但这并不表明日本平涂法或透视手法对他产生了深刻影响。值得注意的是，这些版画主题是在他离开巴黎后不久再次被运用到的，并且转至更具乡村特色的设定——季节性风景以及穿着地域性服装的人物肖像。

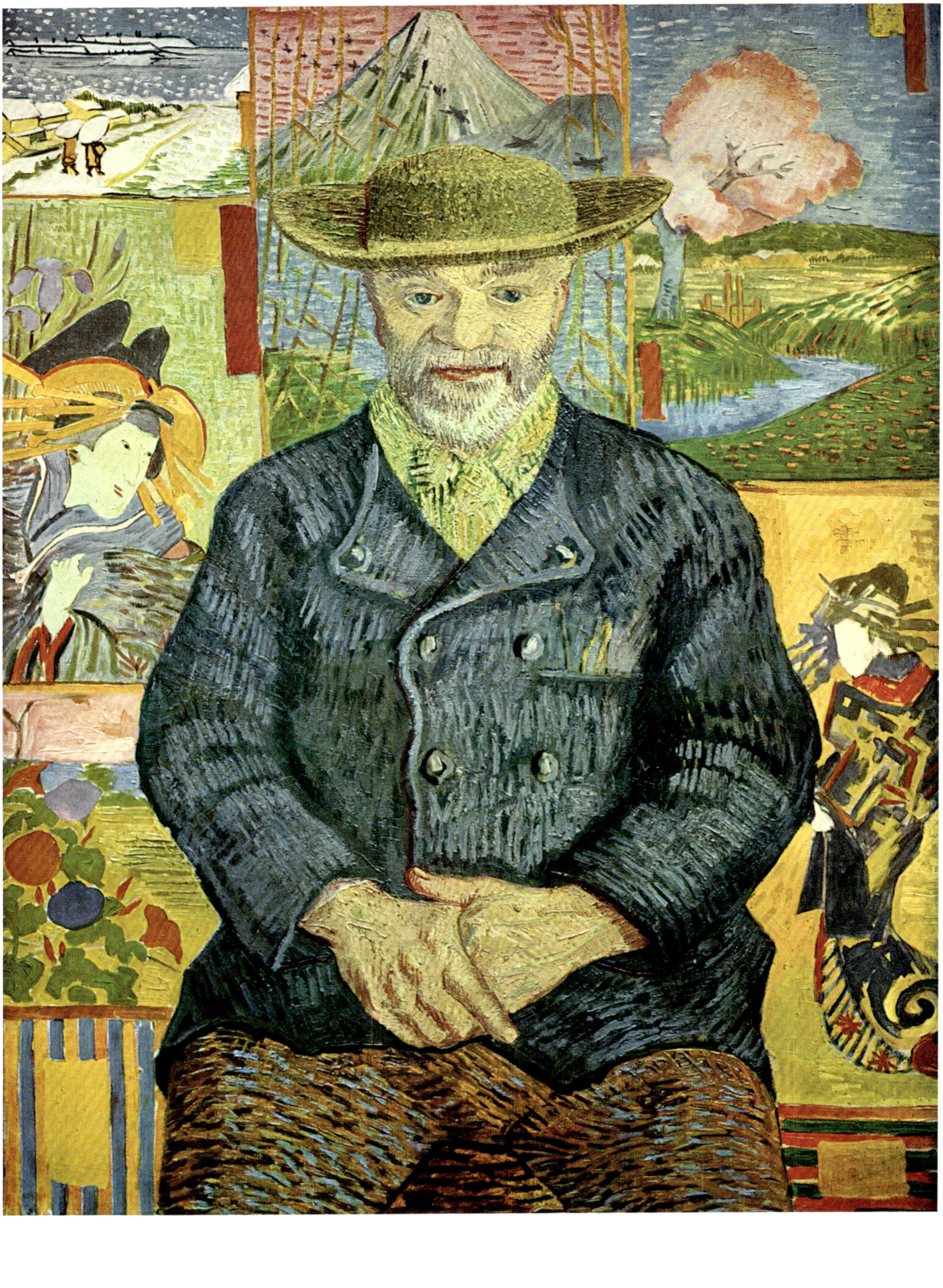

8　画架前的自画像
Self-Portrait in front of an Easel

1888年1月；布面油彩；65cm×50.5cm；凡·高国立博物馆，阿姆斯特丹

1888年2月底，也就是凡·高离开巴黎前往普罗旺斯前不久，凡·高完成了最后这幅自画像。他不再像以往一样穿着考究，而是穿着工人的蓝色罩衫。他站在画架前，手里拿着调色盘，有意模仿伦勃朗自画像里（当时在卢浮宫展出，凡·高很熟悉这幅画）的姿势。也许这幅画应该被解读为凡·高对自己艺术家身份的重新定位与作品创作方向的重新确定：脱离城市与资产阶级生活方式，意在抛弃法国传统，拥抱荷兰传统。这幅画也透露出凡·高对自己艺术家身份的自信：表现出人物鲜明的职业特征，在画面处理上也更为肯定。不同于早期自画像（彩色图版6）中使用纯色或色彩分割，结构紧密、质地不平笔触运用的极端试验，这里的处理变得更为连贯，笔触更加可控。另一方面，相比唐吉老爹肖像画（彩色图版7），这幅画看起来更为轻松。画中凡·高的姿势，让人想起伦勃朗；不过绘画处理与着色让我们想起另一位17世纪荷兰艺术家弗兰斯·哈尔斯。凡·高在安特卫普习得的技术在巴黎期间得到了更深层次的发挥，并且已成功地融入作品之中，让作品有了一种独特的风格。

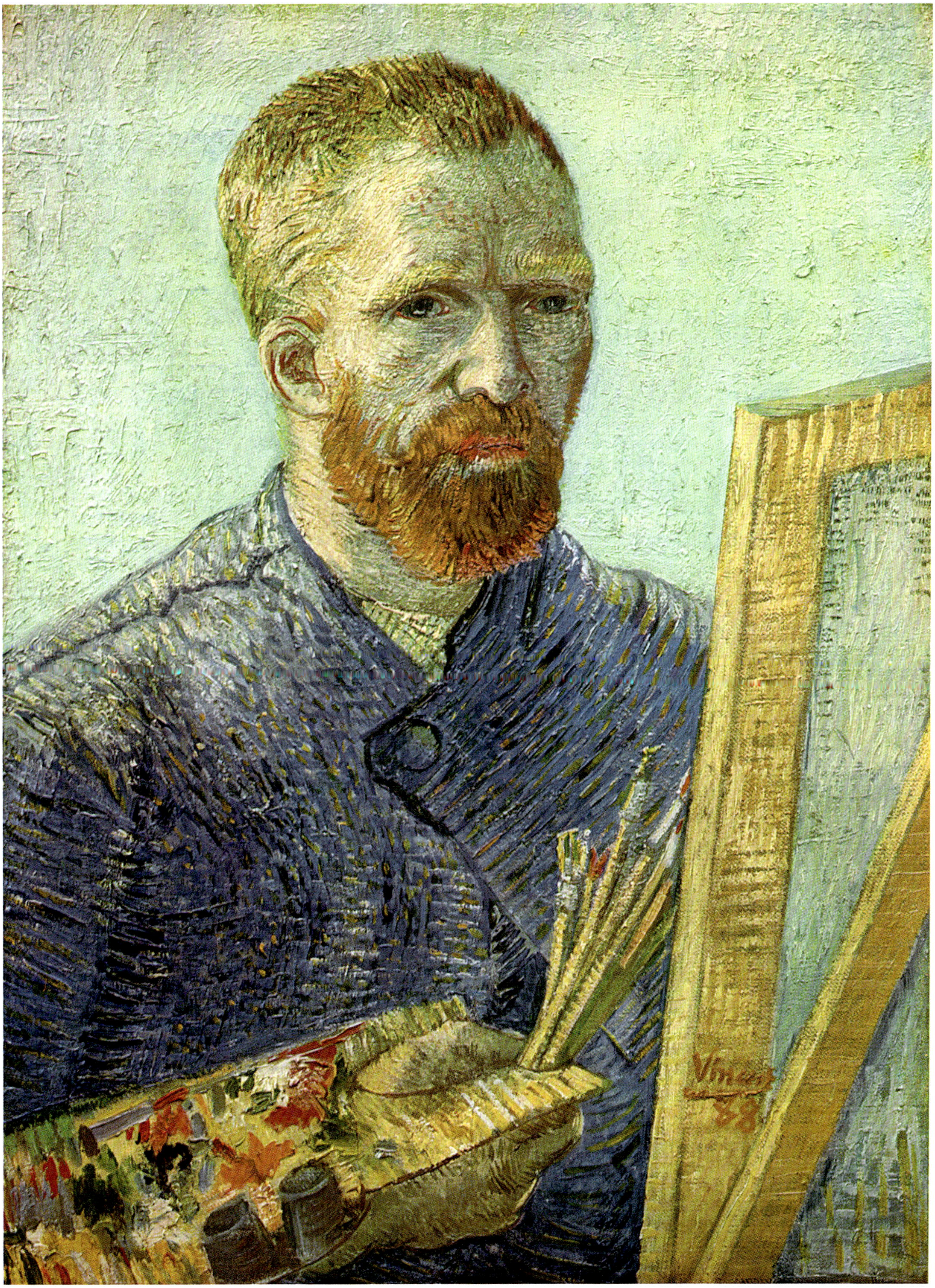

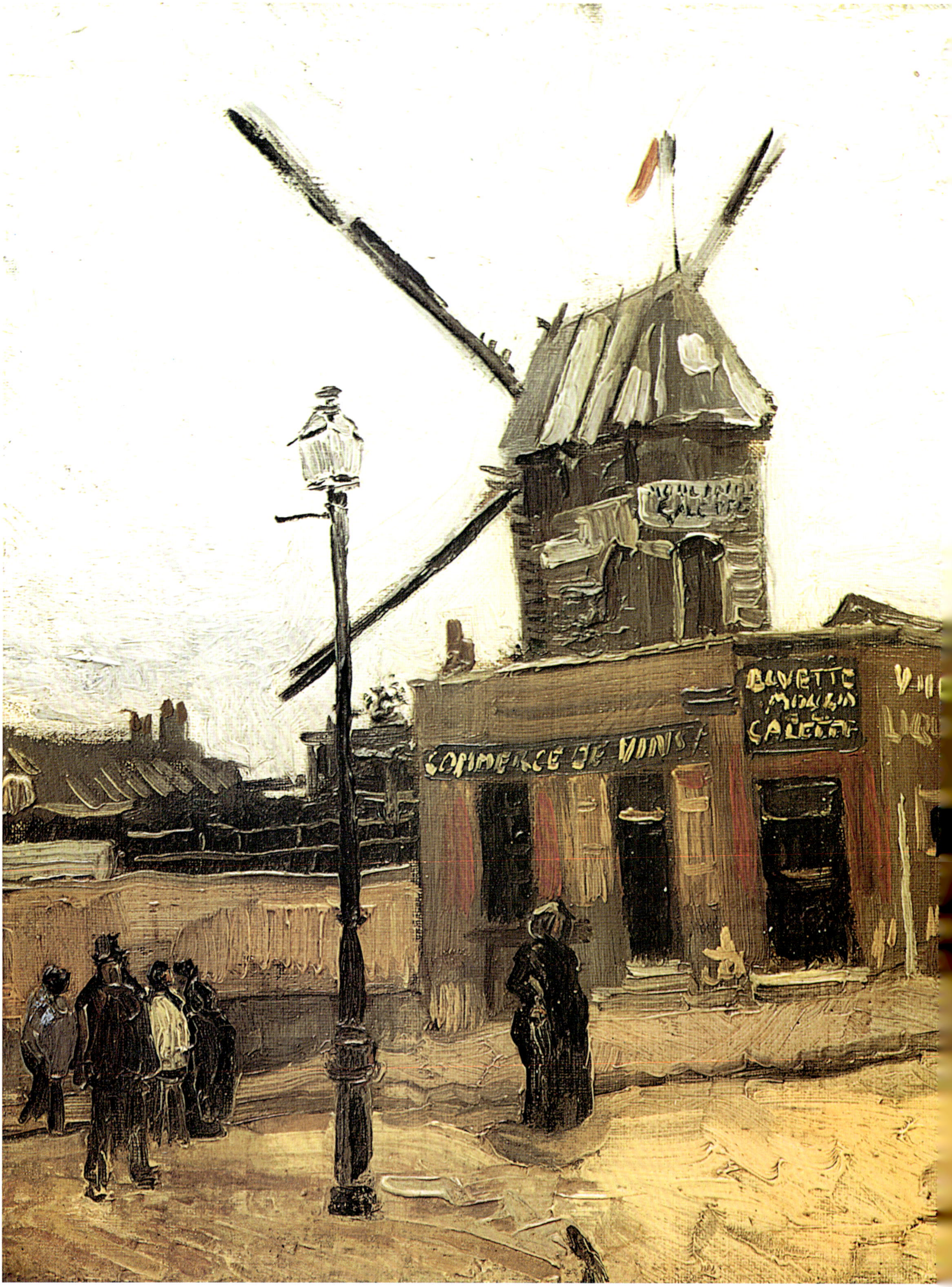

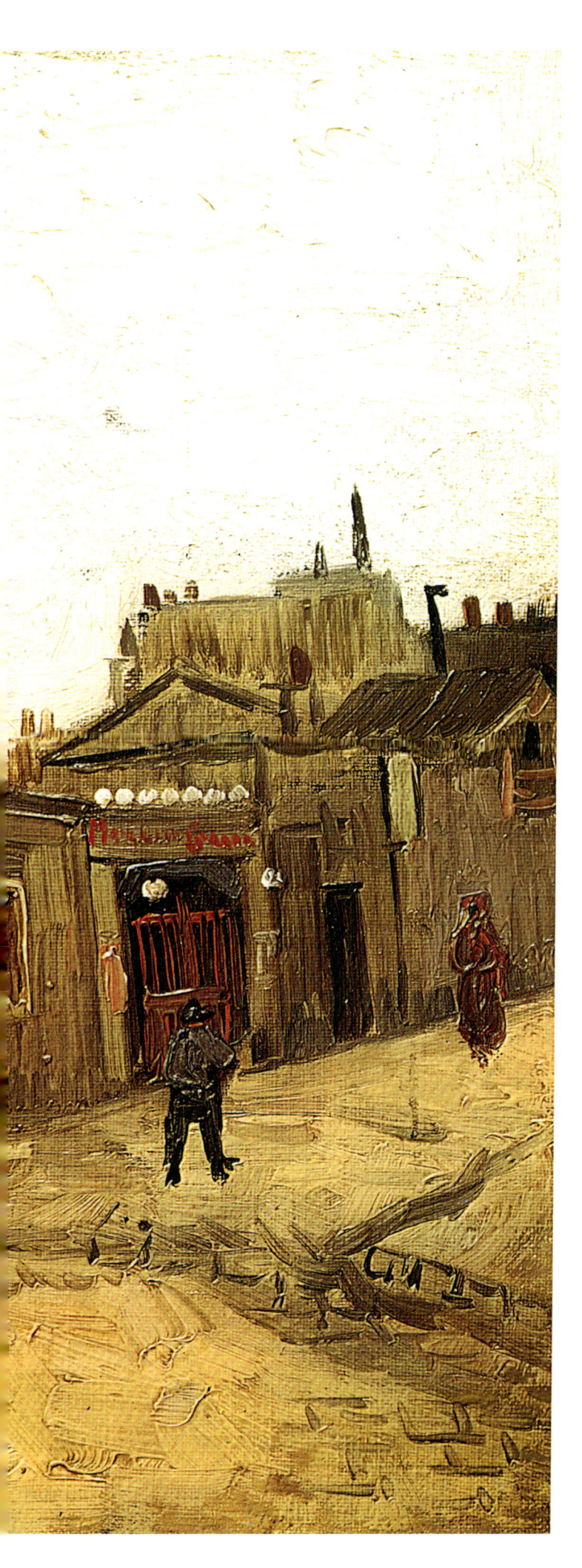

巴黎：煎饼磨坊
Paris: Moulin de la Galette

1886年春天；布面油彩；38.5cm×46cm；
库勒-穆勒博物馆，奥特罗

　　之前提及的凡·高巴黎时期的作品让我们粗略地了解凡·高在巴黎的艺术关注点与风格尝试。关于如何处理都市这一主题，以下三张插图给出了不同的答案。在海牙旅居期间，他尝试过如何去表现变化与扩张中的现代化城市。他聚焦城镇与乡村接合的边缘地带，这些地方往往显得很尴尬：杂乱的住宅区、风车旁草地上的钢铁厂、还没建好的街道，街道上的灯柱。在巴黎，凡·高也在探索这一主题，在这方面他与第一代印象派画家有着共同的兴趣点。他们既描绘快速发展的郊区里那些休闲的去处，也描绘巴黎市区的景象，比如蒙马特。凡·高住在蒙马特，就在知名的煎饼磨坊（当时著名的舞厅）下面，以磨坊为题材的早期作品中的细节正体现出蒙马特的城市风貌。他还画了一幅具有乡村风貌的蒙马特，那里有采石场、市场花园和风车。粗犷的处理手法和沉闷的色调让人想到他尼厄嫩时期的作品（彩色图版2）。人物只以颜料光滑地勾勒出的轮廓身影。尽管如此，我们仍可以从这些仅有轮廓的人物身上看出蒙马特街上不同社会阶层的人——商人、工人，还有一些着装时尚的妇女。

10 阿斯涅尔的美人鱼餐厅
The Restaurant de la Sirène at Asnières

1887年夏天；布面油彩；57cm×68cm；卢浮宫，巴黎

    1887年年中，凡·高的作品风格发生了极大的变化。凡·高似乎也愿意尝试印象派技巧，描绘巴黎郊区的餐厅以及克里奇大道街景（图19）。然而，这两幅画都缺乏印象派作品的本质与内涵，所描绘的内容与他内心的感受很难相呼应。克里奇和阿斯涅尔这两座城市见证了19世纪80年代巴黎先锋派的转折。奥斯曼在巴黎设计的克里奇林荫大道是19世纪70年代印象派活跃的象征。另一方面，阿斯涅尔是不断发展的工业郊区，新一代工人在那里作业。在阿斯涅尔，西涅克画煤气罐；修拉描绘了周日午后在塞纳河边小岛上闲晃的人群，而远方是工厂。凡·高对现代城市生活抱有复杂的态度，他发现自己很难融入巴黎的生活中去。在巴黎，他花了两年时间尝试接受法国印象派，却发现新一代画家对其主题和风格产生了疑问。他对印象派题材的兴趣很快就过去了，与新印象派画家的碰撞让他坚信，巴黎不再是现代法国绘画的主题。

图19
克里奇林荫大道风景
（细节）

1886年末或1887年春天；
布面油彩；46.5cm×55cm；
凡·高国立博物馆，阿姆斯特丹

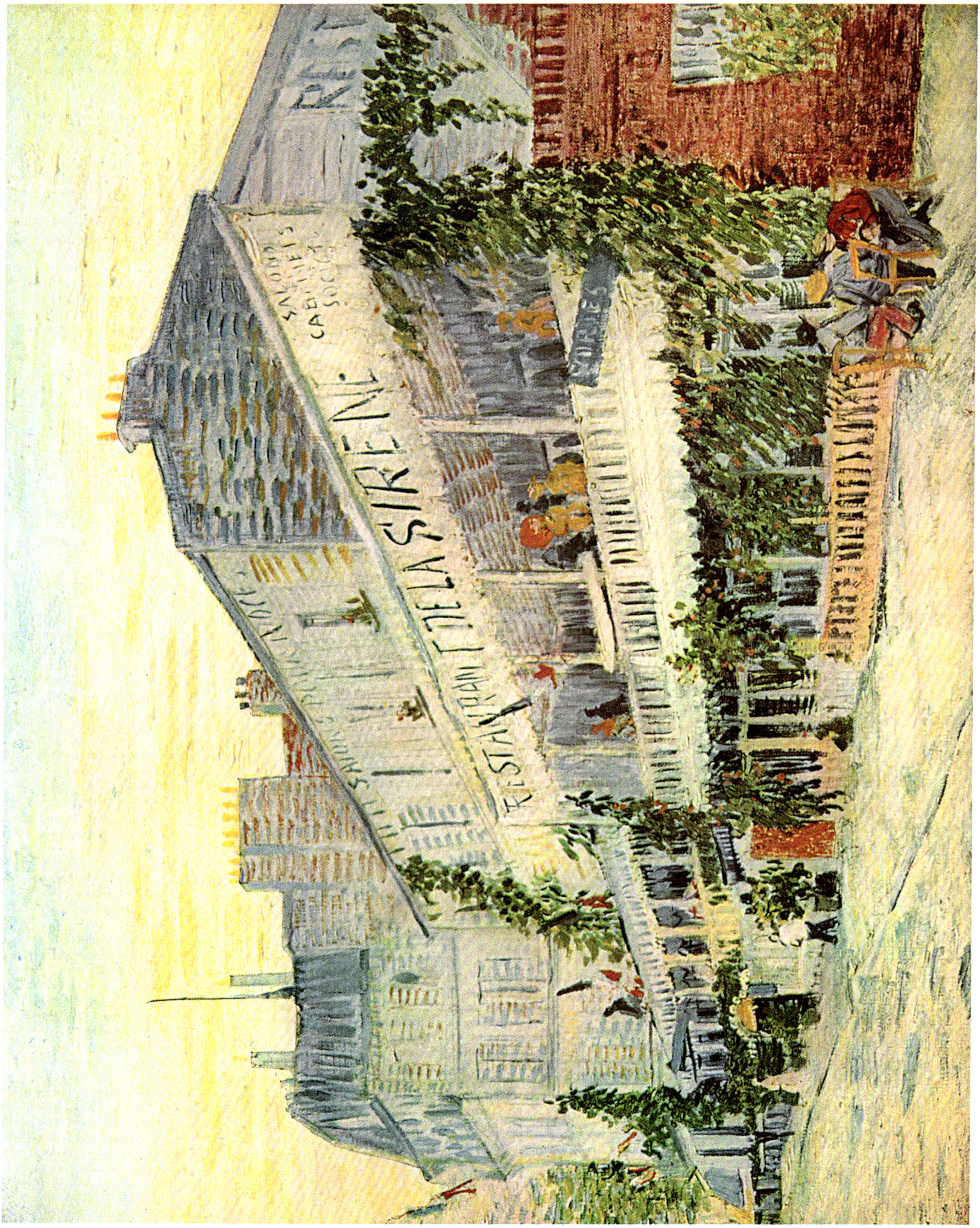
RESTAURANT DE LA SIRENE

11 巴黎近郊蒙马特
Outskirts of Paris near Montmartre

1887年夏天；纸上水彩；39.5cm×53.5cm；阿姆斯特丹市立博物馆，阿姆斯特丹

这幅画的视角与彩色图版10中的视角截然不同。画是水彩绘制的，有大片平涂色块和有力的图形笔触。凡·高采用的不是身在巴黎城中的视角，而是从城郊望向这座城市的视角。"乡村"差不多占据画面一半空间，离我们最近的前景部分做了放大处理，看上去却空荡荡的，只有一些屋顶损坏了的房子、荒料石和手推车。整座城市集中出现在中景处，人口密集、繁华喧闹。工厂烟囱上方冒着青烟，到处是拥挤的房屋和公寓。在远方，我们能看到小山和另一大片乡村。这幅水彩画与他以巴黎周边为背景的系列作品属于同一时期的作品，尤其是描绘拉巴瑞热周边城墙（图20）的那幅。那个地方属于巴黎，因出现在维克多·雨果的《悲惨世界》中而闻名于世。图20中，人们在散步，从大都市有轨马车上走出来；在大面积的前景中，广阔的空间将巴黎、城市漫步者与艺术家、观众分隔开。而在这幅水彩画中，巴黎附近的蒙马特有着更为清晰的秩序感，从上至下，通过一层一层块面的连贯推进来区分城市与乡村。德伦特风景画中空间与透视的处理难点似乎就这么被攻克了，摒弃巴黎及其绘画模式正是解决方案。这幅作品代表着凡·高对17世纪荷兰风景画语汇的征服，以及对其画面中城市、乡村和谐共处愿景的挑战。

图20
巴黎近郊：拉巴瑞热周边城墙

1887年；纸上水彩；
39.5cm×53.5cm；
凡·高国立博物馆，
阿姆斯特丹

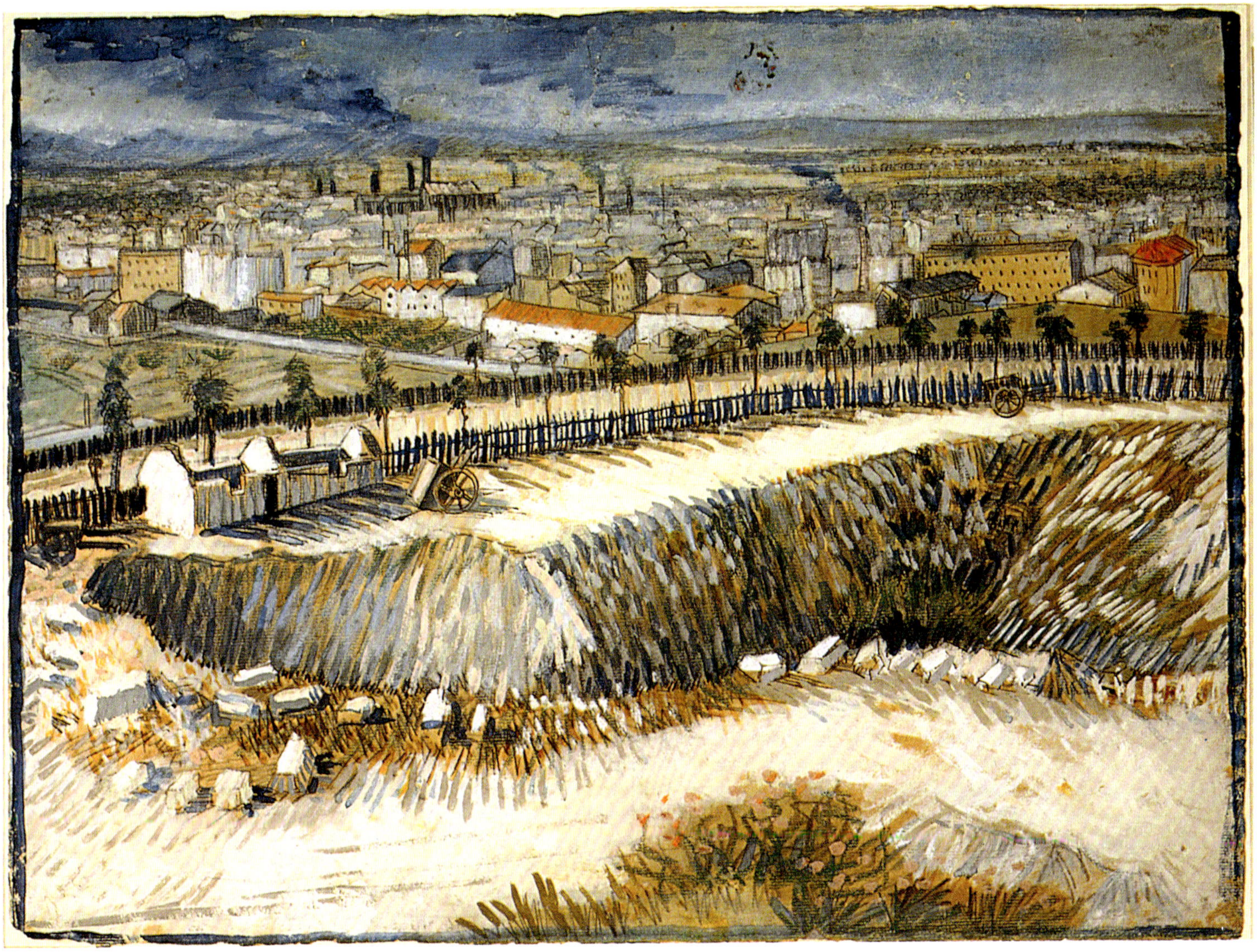

12 黄房子，拉马丁广场，阿尔勒
The Yellow House, Place Lamartine, Arles

1888年9月；布面油彩；76cm×94cm；凡·高国立博物馆，阿姆斯特丹

1888年2月底，凡·高离开巴黎。他搬到普罗旺斯的阿尔勒镇住了两年。虽然阿尔勒是重要的工业城镇，但比起城市，它更有乡村气息。在这里，凡·高很容易就能从家里走到拉马丁广场，去附近的麦田散步。阿尔勒市郊火车站附近广场上有一幢黄房子，那便是凡·高的家和画室，1888年9月他给这个房子画了像，他对自己的这幅作品很满意。不止一位艺术史学家提到凡·高的这幅"城镇风景画"与17世纪传统荷兰城镇景观绘画传统之间的关系。《克里奇林荫大道风景》中（图19）凡·高捕捉到的巴黎的动荡不安，在这里并不存在。在这幅画中，上色厚实，人物位置固定，画面具有舒适和亲切之感。图21中，阿尔勒以另一视角被呈现出来，可以看到工人在收割作物，在阿尔勒塔楼与工厂下，人们仍在劳作着，一列火车驶过。城镇与乡村和谐地并置于画面中。这种关系的表达来自17世纪荷兰另一传统，比如勒伊斯达尔画过多幅从这样的田野望过去的哈勒姆风景画。凡·高借用了这种方式（产生于另一时期和另一国家，表达另一种经济制度及社会关系）积极地去化解他所处时代的城乡矛盾，将火车和工厂这些现代工业社会标识精心安排于画面之中。

图21

从麦田里看到的阿尔勒

1888年夏天；纸上钢笔和墨水；
31.5cm×24cm；私人收藏

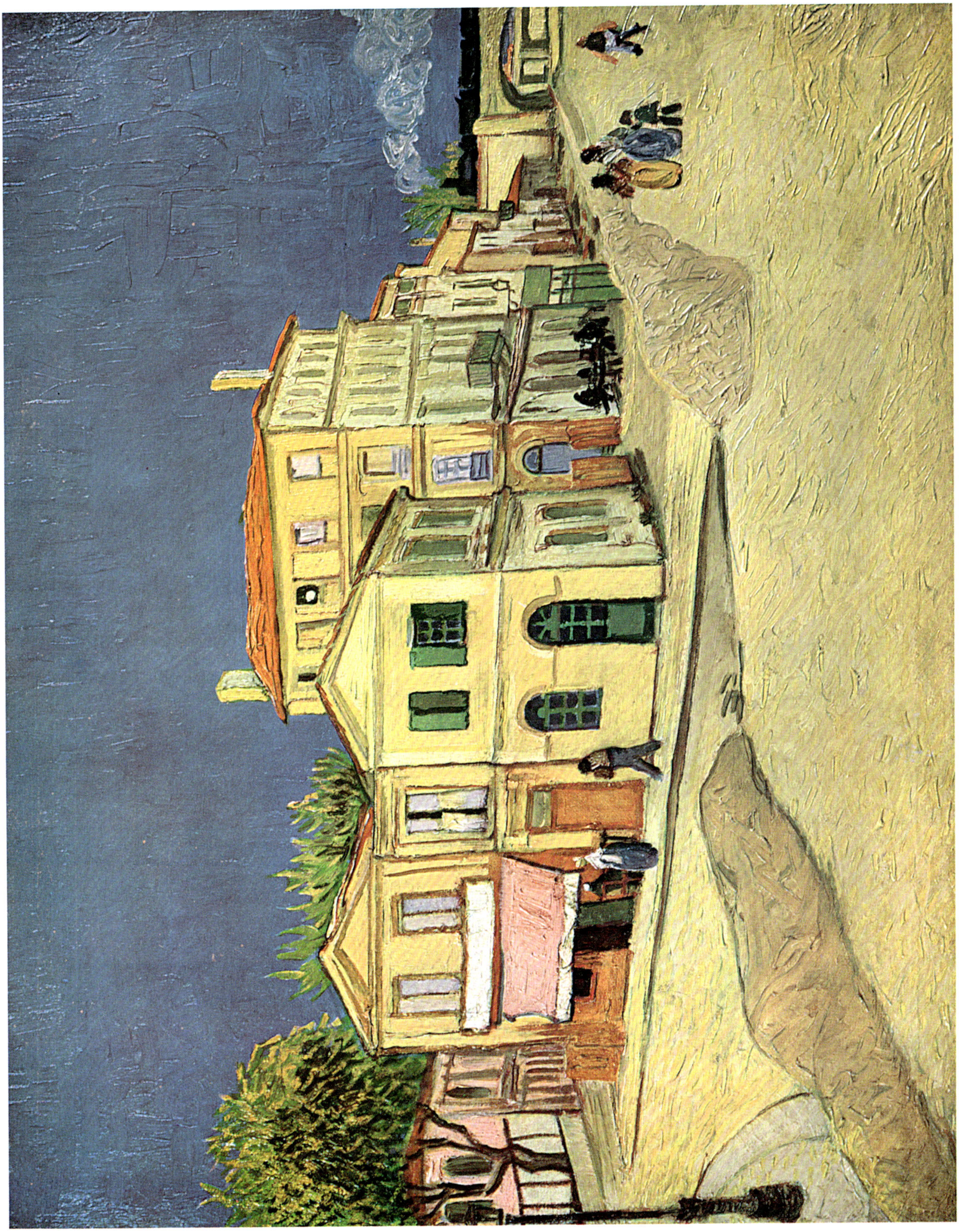

13 阿尔勒吊桥

The Drawbridge near Arles

1888年3月；纸上水彩；30cm×30cm；私人收藏

凡·高以阿尔勒城外的朗格鲁瓦桥为主题创作了很多幅画。在这幅作品中，洗衣女工正在河岸边洗衣服。在其他画中，恋人们沿河岸走向吊桥。凡·高通过另一时间与空间（荷兰）的形象重构阿尔勒及周围环境，吊桥的处理方式正是如此。吊桥经常出现在荷兰风景画中，它代表着"荷兰性"。此外，它也是凡·高同时期荷兰海牙画派画家作品的共同主题，比如雅各布·马里斯1875年绘制的这幅水彩画（图22）。不过朗格鲁瓦桥属于另一个更具体层面上的荷兰：实际上它是由荷兰工程师建造的。

图22
雅各布·马里斯：吊桥

1875年；纸上水彩；
28.3cm×21.6cm；
凡·高国立博物馆，阿姆斯特丹

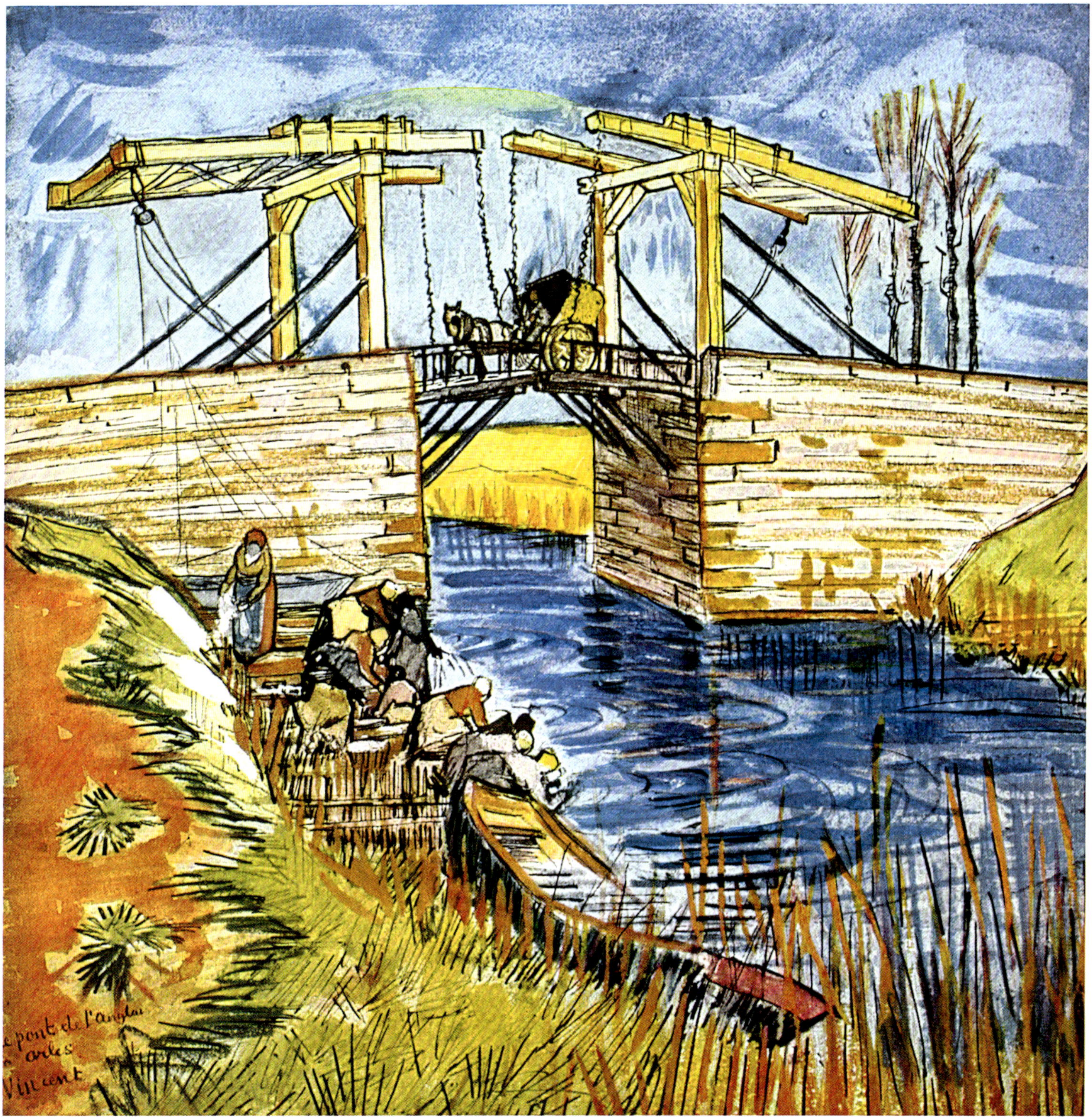
pont de l'anglo
arles
Vincent

14 阿尔勒夜间的露天咖啡馆
The Café Terrace at Arles at Night

1888年9月；布面油彩；81cm×65.5cm；库勒-穆勒博物馆，奥特罗

在1888年9月写给妹妹威廉明娜的信中，凡·高提到他最新创作的两幅夜幕下的咖啡馆。一幅是面向工人阶级的咖啡馆——"可怜的流浪汉睡在这里"；另一幅是市中心论坛广场上的时髦咖啡馆，画面背景是璀璨的星空。前者运用了炽烈的红色和绿色，与黄色和橙色相撞；后者使用浓烈、欢快的黄色和蓝色。他向妹妹提到居伊·德·莫泊桑的小说《漂亮朋友》，里面描写了夜晚星光灿烂的巴黎、大街上灯火通明的咖啡馆。凡·高说这"与我刚描绘的主题大致相同"。对于不那么安逸，更具工人阶级属性的另一个夜间咖啡馆来说，虽然他并没有做文学上的类比，但它很可能是爱弥尔·左拉小说《小酒馆》中描绘的场景。左拉在小说中讲述了洗衣女工如何夜夜酗酒，最终走向毁灭的故事。这两幅画均表明，凡·高的确在关注现代巴黎艺术家所关心的城市主题，但同时，他也发现自己更能接受自然主义小说家的叙述。对他来说，他们的文学作品具化了现代绘画的内涵。他曾发问，现代人物绘画中的居伊·德·莫泊桑在哪里？

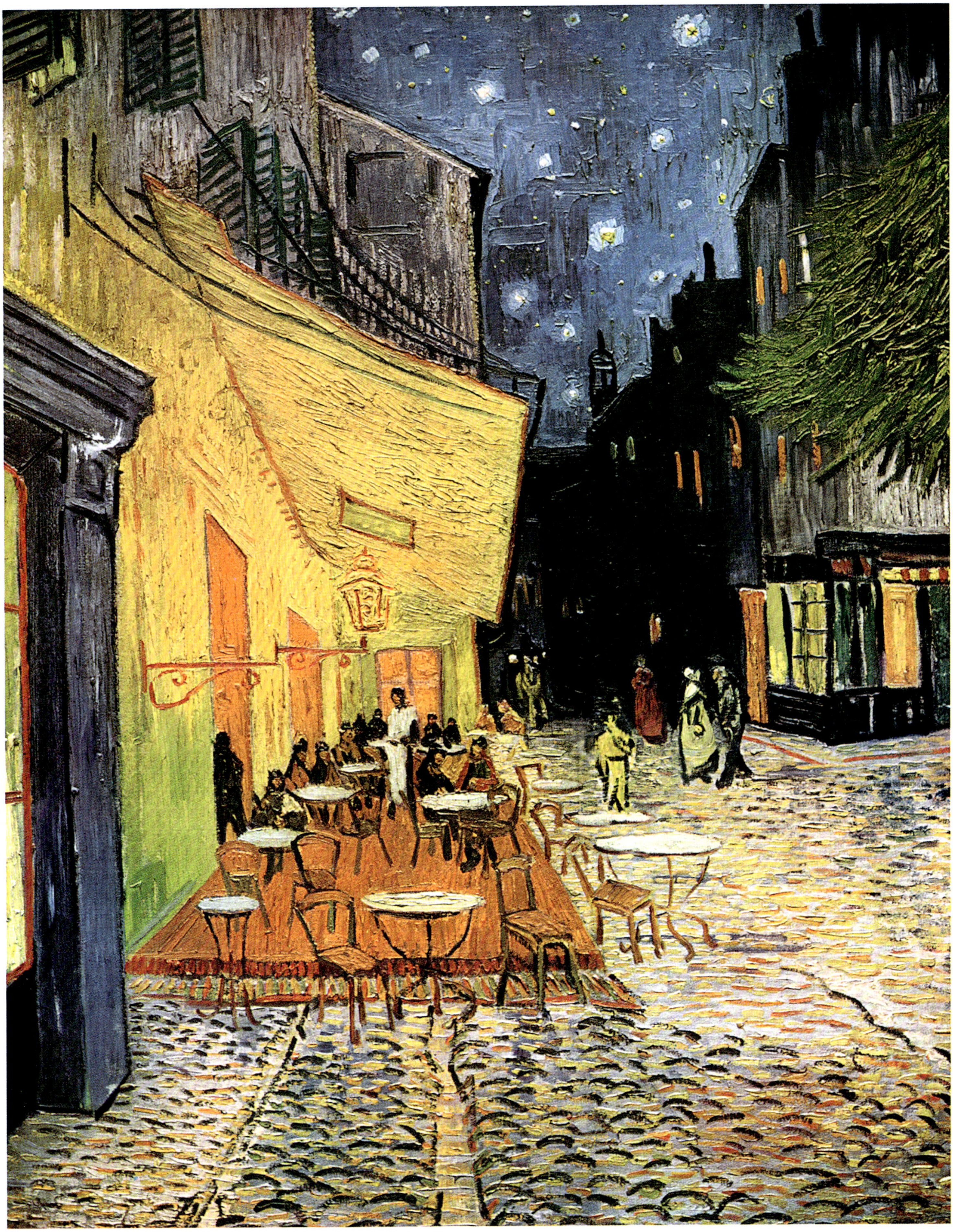

15 **去往塔拉斯贡的画家**
The Artist on the Road to Tarascon

1888年8月；布面油彩；48cm×44cm；毁于二战

　　普罗旺斯在文学上有着更为直接的内涵。阿尔勒以北约十英里的小镇塔拉斯贡让人想起法国小说家阿尔丰斯·都德，尤其是他写的一本关于普罗旺斯猎狮者的书《达拉斯贡城的达达兰》。凡·高在写给弟弟的信中提到这本书时，说道："多美的颜色啊。"1888年秋天，凡·高画了一些小说里提到的塔拉斯贡旧驿站马车。在小说里，都德对现代化进程感到惋惜，尤其是感叹铁路取代了马车。这幅以艺术家身份出现的凡·高自画像看起来不同寻常，可能是隐约地参考了都德的小说。画中，凡·高走在通往塔拉斯贡的玉米地旁，画面以丰富的色泽强化了南方的感觉。它不仅是对步行前往都德小说中描写的小镇的记录，也是凡·高透过文学描绘观察到的南方。而另一幅画着同一场景、但没有艺术家本人的作品，被送往澳大利亚艺术家约翰·鲁塞利那里。凡·高与鲁塞利是在巴黎相识的。在这幅画中，凡·高将自己描绘成外光派画家，他四处奔走，随身背着画架寻找绘画主题。

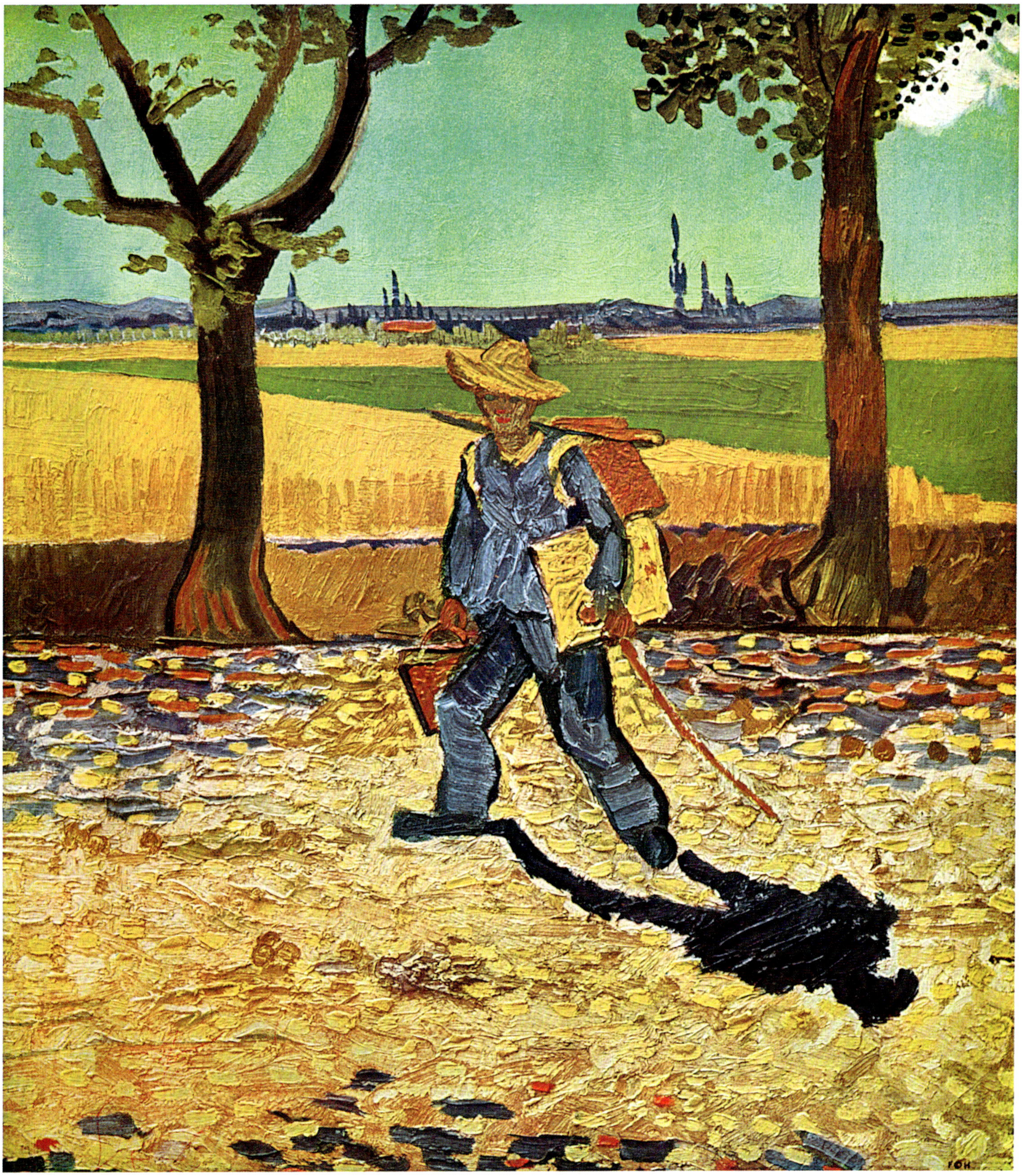

16　圣玛利拉莫尔海滩的渔船
Boats at Les Saintes-Maries

1888年6月；纸上水彩；39cm×54cm；地点不详

　　1888年6月，凡·高乘坐大马车经过卡马格（这让他想到荷兰），来到地中海海滨胜地圣玛利拉莫尔。小镇以小船式的教堂、设计奇特的茅草屋顶和渔船队而闻名于世。凡·高记录了这一切。不过这个地方与众不同之处在于大海和色彩缤纷的小船。1881至1883年间，凡·高经常去离海牙几英里远的席凡宁根海滩——北海上的渔村和度假胜地。在那里，他临摹海牙画派画家亨瑞克·梅斯达赫和安东·莫夫的画作，画了岸边的大渔船。1888年6月，凡·高对于海景画的追记让人想起他们的画作以及凡·高早期写的与这一题材相关的随笔。在一封有关此次海边之旅的信中，他将圣玛利拉莫尔与荷兰海景做对比：两者差异之处是前者的颜色更为鲜艳。岸边的渔船这一主题也出现在19世纪80年代的莫奈作品中。1888年夏天，凡·高在一封信中并没有将自己画的小船，而是将自己画的塔拉斯贡的大马车与莫奈画的海滩上的彩色船只作比较（图23）。

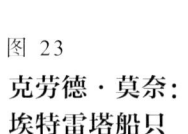

图 23
克劳德·莫奈：
埃特雷塔船只

1884年；布面油彩；
72.9cm×92.8cm；
约翰·惠特尼夫妇收藏；
纽约

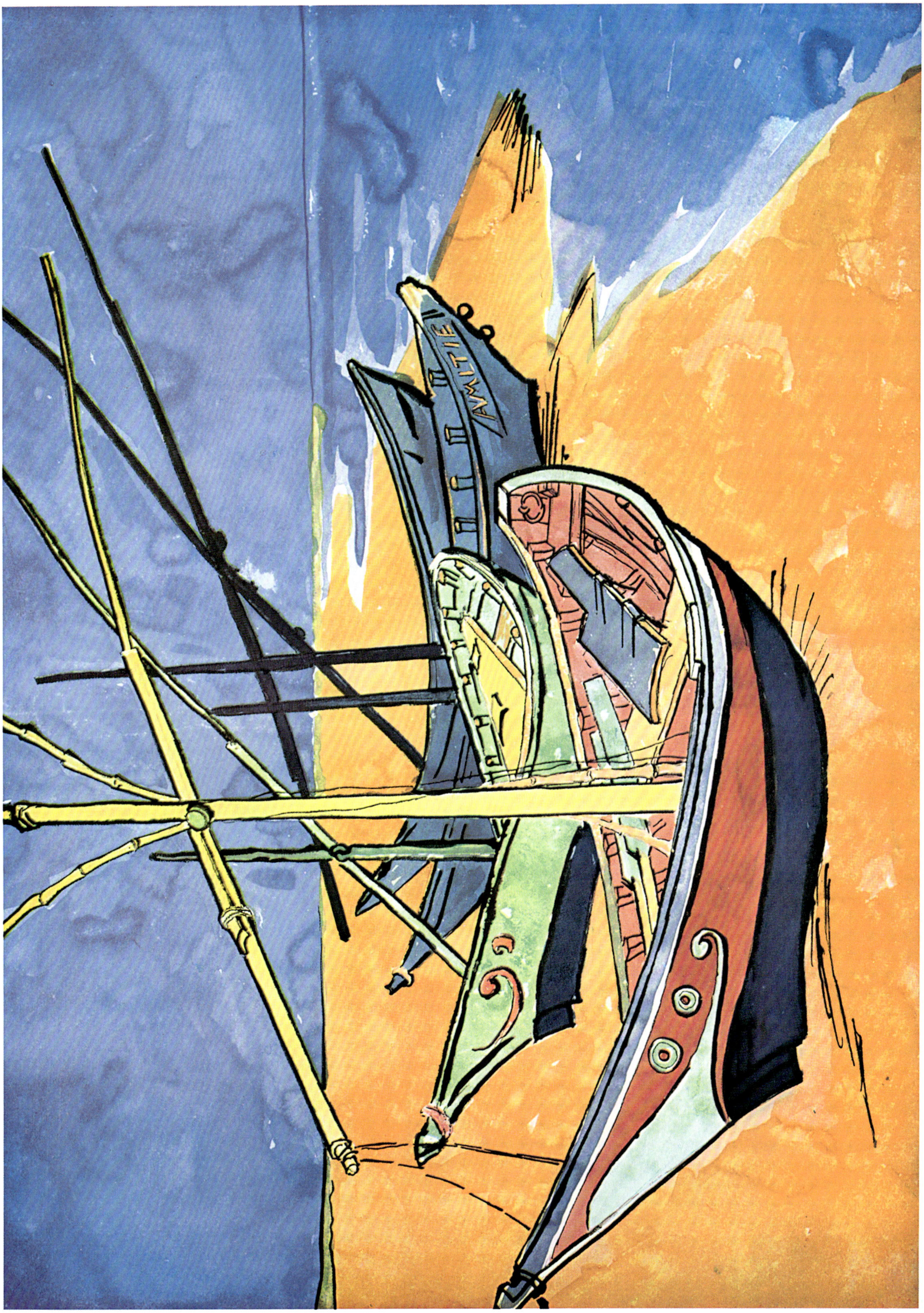
AMITIE

17

卸沙
Unloading Sand

1888年8月；布面油彩；55cm×65cm；福克博物馆，埃森

阿尔勒小镇位于罗纳河畔，在凡·高的许多作品里，我们都能看到这条繁忙的水路。他画过码头边工人作业的场景，以及河水从小镇流过的全景。但这些作品的处理方式都很独特，凡·高对画中的内容好像很疏远，似乎是难以接受这样的阿尔勒。这一矛盾情绪让人想到莫奈对阿让特伊塞纳河畔边现代劳工及工业迹象含糊的处理手法。这幅画与众不同，驳船和作业工人的上色厚实而细致；而背景却是简单的、未完成的。没有什么细节可以准确表明这一切发生在哪里。码头的延伸突然以概略的河岸，甚至是海滩表现。驳船旁有个人在手划船上钓鱼，但它与驳船间的空间关系并不清楚。凡·高把这幅画送给了他的艺术家朋友埃米尔·贝尔纳。画布上的献词已经擦掉，看不见了。随之附上的信中，凡·高称这幅画只是一种尝试。他强调，虽然画作就地取材于印象派主题，但根本称不上印象派作品。也许凡·高有意以这种手法与老派印象派画家莫奈一较高低（运用他们的主题），希望以更为扎实和稳健的处理方式来作画。但这幅画中除了前景，其他几乎没有做到这点。

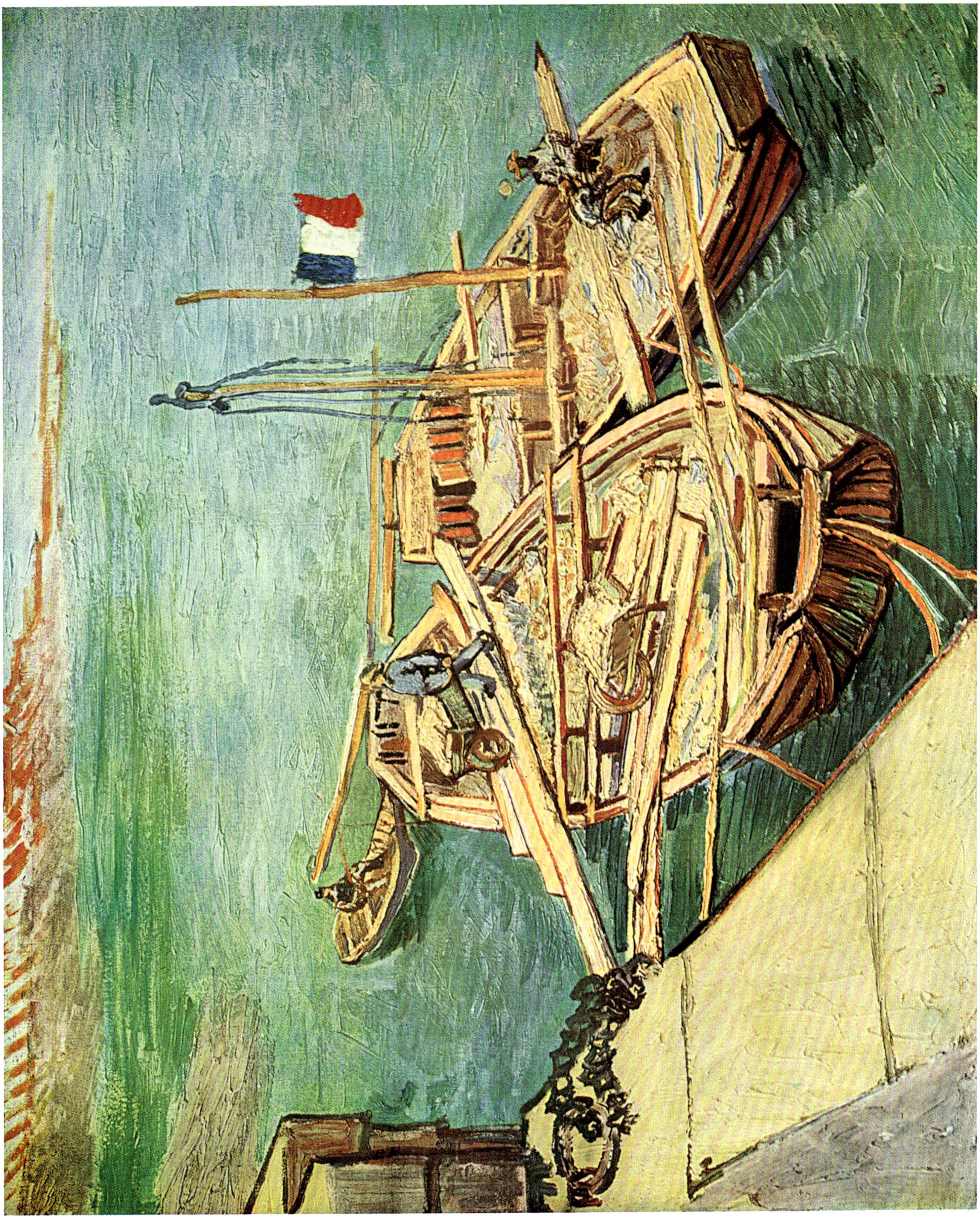

18　高更的椅子
Gauguin's Chair

1888年12月；布面油彩；90.5cm×72cm；凡·高国立博物馆，阿姆斯特丹

　　1888年10月，凡·高实现了长久以来的愿望：说服高更到阿尔勒定居（他俩在巴黎相识），住到黄房子里，并创立了南方画室。高更曾在布列塔尼与埃米尔·贝尔纳和其他几位巴黎画家一起工作。凡·高通过与贝尔纳通信以及互换作品与这一群体保持联系。凡·高提议高更、贝尔纳互画肖像画，再寄给他，以此推广这种信息交换的方式；凡·高会画自画像寄给他们。最后，高更和贝尔纳也照做了，寄给凡·高自画像。这一系列的所有作品都具有艺术宣言的分量。如图24所示，高更的自画像引用了维克多·雨果小说《悲惨世界》的标题，以表现自己对小说主人公冉·阿让的认同。1888年12月初，凡·高开始创作一对挂件画，画的分别是高更和自己的椅子（彩色图版19）。这些作品画的不止是静物，还让人想起17世纪荷兰静物画中对主题的象征运用。例如，蜡烛火焰在这些画里是很常见的，象征着光明与生命。这些作品的描绘角度是倾斜的。在高更的椅子上，凡·高画了两本书，从书封面颜色上可以看出它们是当代法国小说。在自己的椅子上，他画了一个烟斗和一个烟袋，背景是发了芽的洋葱。《高更的椅子》画的是夜景；而他自己的椅子描绘的是白天场景。

图24
保罗·高更：自画像

1888年9月；布面油彩；
45cm×56cm；
凡·高国立博物馆，
阿姆斯特丹

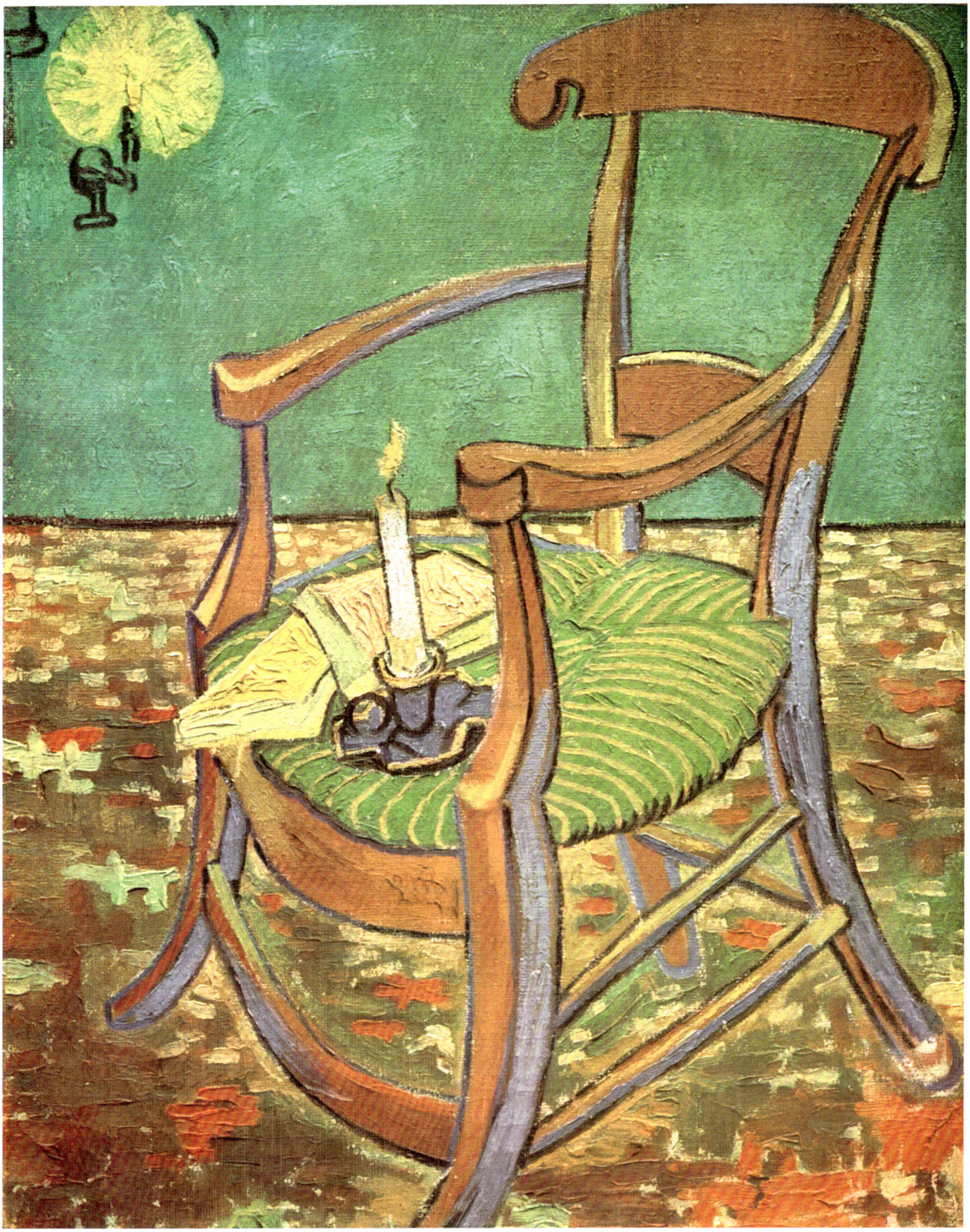

19 黄色椅子
The Yellow Chair

1888年12月至1889年1月；布面油彩；93cm×73.5cm；英国国家美术馆，伦敦

这幅画有着更深层次的内涵。1883年，凡·高给弟弟讲过一个故事，是他读到的关于英国小说家查尔斯·狄更斯和插画家卢克·法尔兹的故事。狄更斯去世后，法尔兹画的一幅画被转载到《插图杂志》上，这是一份图文并茂的期刊，凡·高收藏了上面的版画。法尔兹的这幅画描绘了狄更斯的工作室，椅子没有人坐了。凡·高向弟弟阐明了这幅画对他的意义。他认为这幅画代表着失去，跨越了死亡，是文学和图形创作的先驱。此外，凡·高相信，所有的艺术家，尤其是那些为现代文学配图的插画家，都秉持着合作的工作精神。他们工作的艺术氛围以及共同努力的工作方式是凡·高心中的理想。在南方画室的基础上，凡·高梦想着拥有全新的艺术家合作联盟，这一点在高更到达阿尔勒时就已发起过。

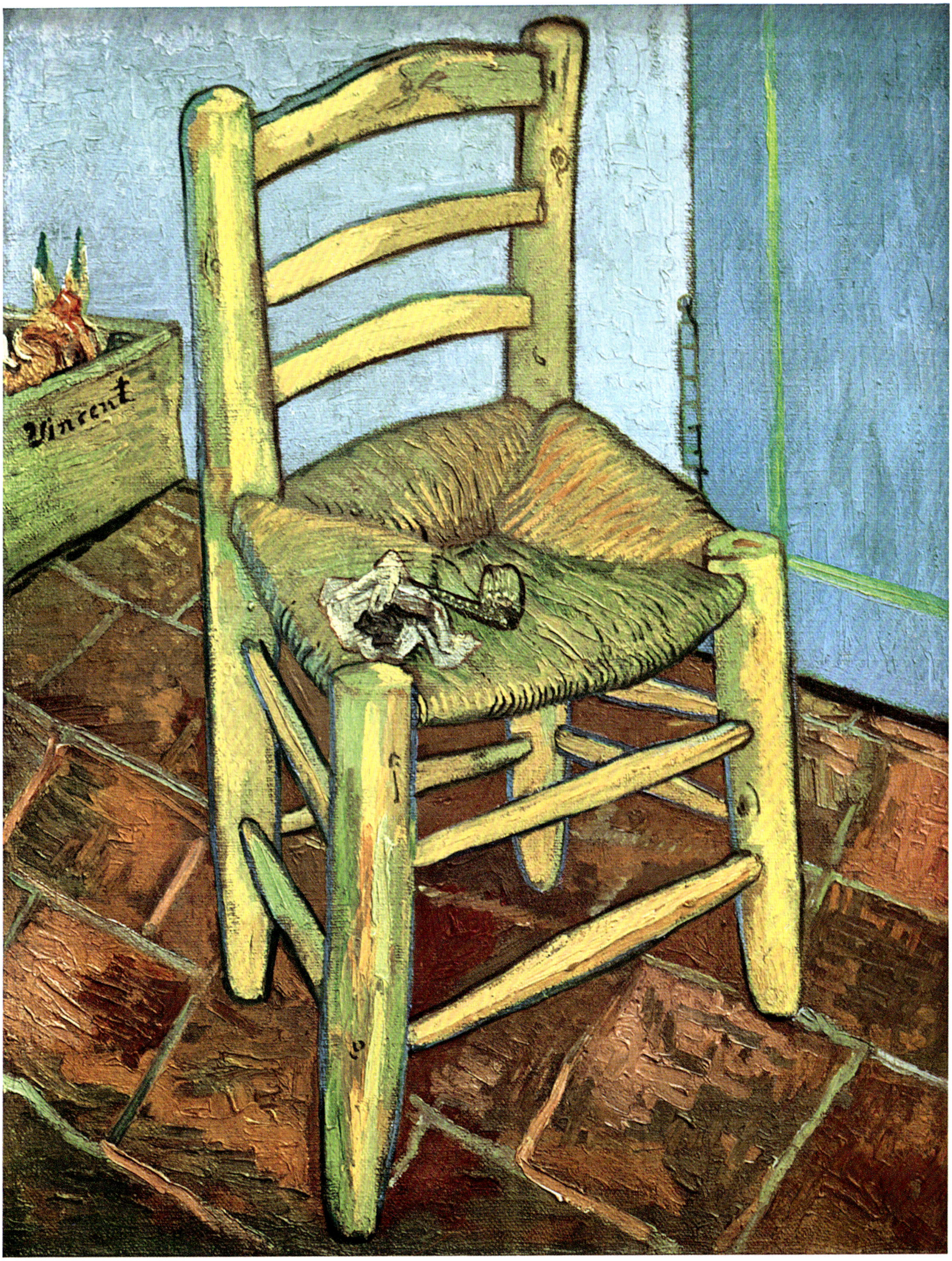
Vincent

20 阿尔勒阿利斯康
The Aliscamps at Arles

1888年10月；布面油彩；73cm×92cm；库勒–穆勒博物馆，奥特罗

在阿尔勒的三个月时间里，高更向凡·高提议，放弃以自然主义为主导的审美原则，他认为应该直接以主题作画。高更觉得，艺术家应该更为自由地尝试不同主题，比如运用扁平化纯色块以及更具装饰性的抽象的线条等方法。他还以埃米尔·贝尔纳按照这一方法创作的最新作品来举例说明。希望跟上先锋派同行的凡·高一开始愿意尝试。这幅《阿尔勒阿利斯康》中，长长的林荫道上，两边都是罗马石棺，凡·高采用俯视倾斜角度，穿过步行道，屏除了天空以及任何通往远方的视角。树木、草地和道路的色彩鲜艳而厚实。轮廓勾画浓重，具有装饰感。这一场景也是以另一种方式回应贝尔纳的作品。这幅画描绘的是现代城市中的休闲场景，阿尔勒的中产阶级市民在公共步道上展现自己。凡·高知道贝尔纳画了一幅修拉式的水彩作品，那幅画描绘了周日下午布列塔尼草地上的场景。凡·高在一封信中提到了那幅作品：两个身穿时尚服装的妇女，分别以红色和绿色上色，它们的形象和色彩让贝尔纳的地域类型场景显得"非常时髦"。凡·高在自己的这幅画中，也画了一位红衣时髦女性。她与画面中的主要内容，即绿树和草地，形成强烈色彩对比，这表明凡·高也希望自己的画作具有同样的"时髦感"。

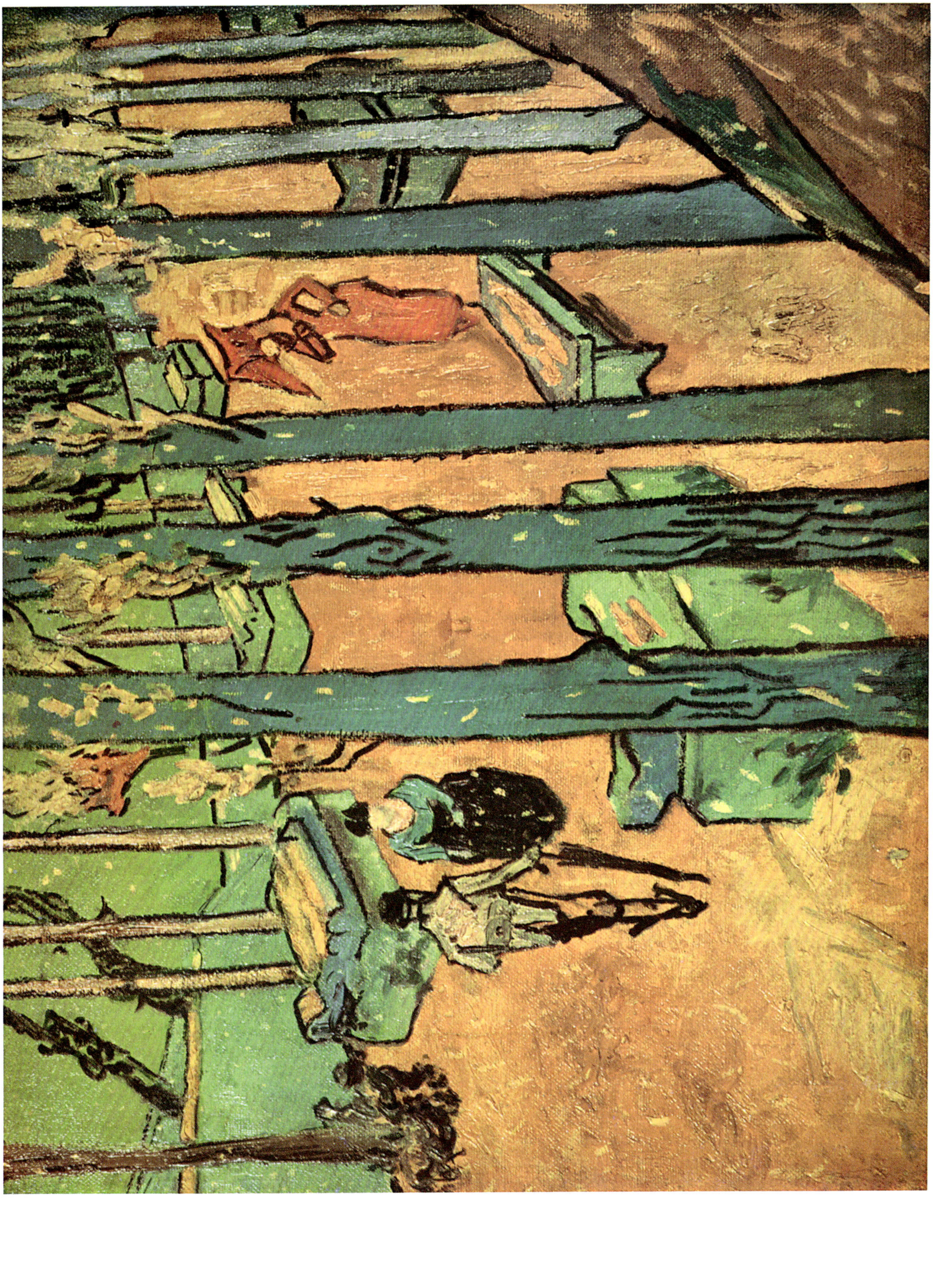

21 有咖啡壶的静物画
Still Life with Coffee Pot

1888年5月；布面油彩；65cm×81cm；私人收藏；巴黎

在荷兰时，凡·高就已沿用了巴比松画派以及一些海牙画派画家的经典色调。1884年到1885年，当他读到评论法国画家德拉克洛瓦的书籍和文章时，他学习了一种全新的色彩理论。从这些文章里，凡·高得出一个结论：最近兴起的艺术之所以"摩登"，是因为它们使用了互补色和对比色，而不是以色调和明暗做对比。他阅读到的几个基本内容是：红、黄、蓝这三个原色，其中每两个原色混合而成的颜色均与第三个原色构成对比色；红色对比色是绿色；蓝色对比色是橙色；黄色对比色是紫色。物体投影应包含该物体固有色的对比色。对比色也用来增加色彩明度和亮度。为了实现现代画家的意愿，凡·高运用了这些理论，但他并没有深刻地理解，也缺乏坚实的技艺基础。他的运用粗糙而程式化，虽然往往会带来意想不到的独特效果。1888年春天和夏天，凡·高经常与贝尔纳通信，向他汇报自己的作品进展和描述自己的色彩尝试，比如这幅静物画。在这幅画中，可以一眼看到蓝色和橙色、黄色和紫色对比色的运用，而从一封给贝尔纳的信中所附的草图颜色备注可以清晰地看出，他也运用了红绿色对比。这幅复制品的背景颜色看上去是黄色，实际上是有点绿的色调。凡·高在画作周围画了一圈红色边框以突出和强调绿色色调。这种画布上涂上一圈对比色边框的做法是由修拉提出的，后者也运用了现代色彩理论。

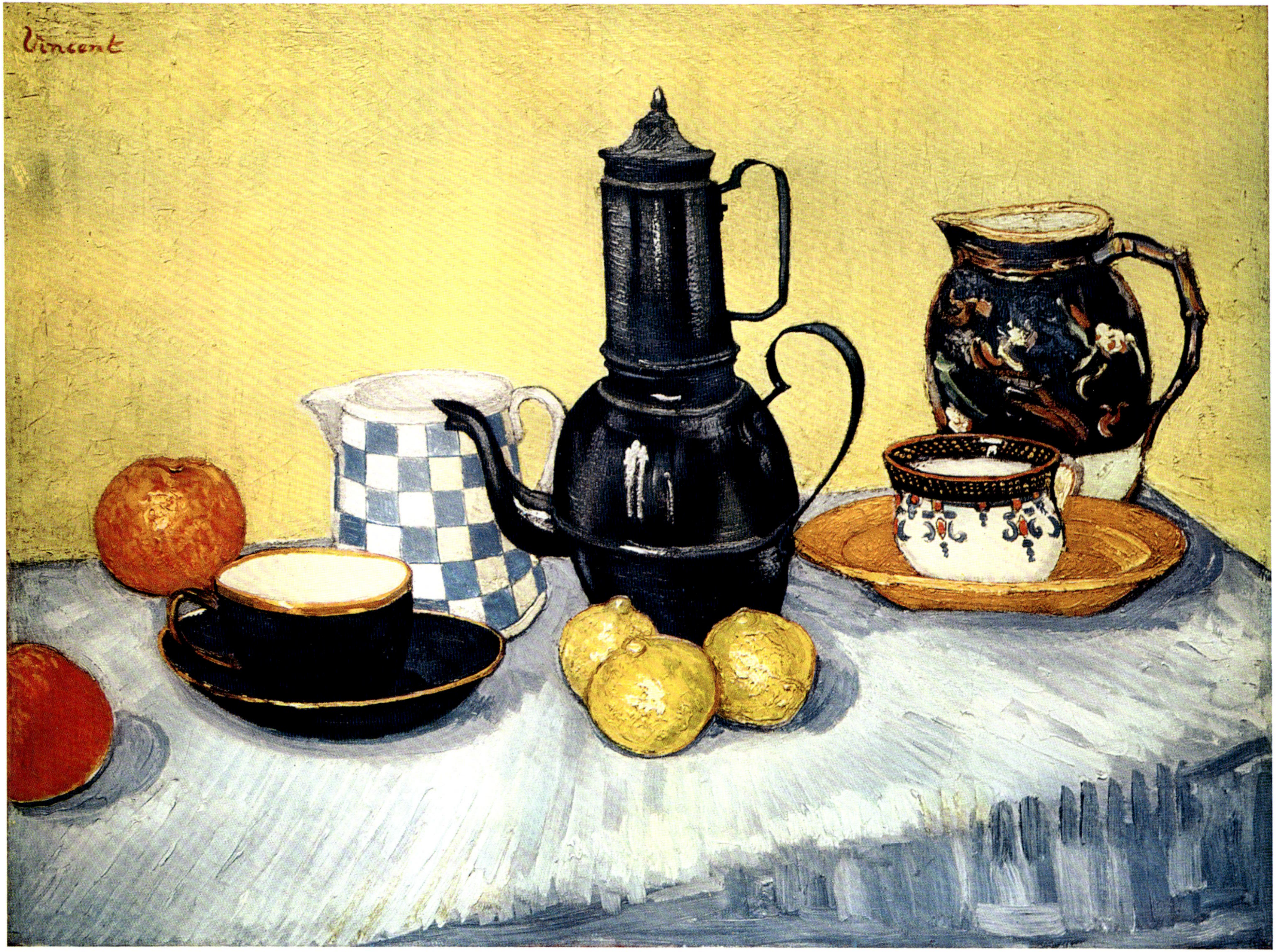
Vincent

22　静物：向日葵
Still Life: Sunflowers

1888年8月；布面油彩；93cm×73cm；英国国家美术馆，伦敦

凡·高画了一系列油画来装饰黄房子，以此为高更的阿尔勒之行做准备。一系列向日葵画作就这样横空出世了。这一系列作品很重要，它们不仅仅是室内装饰。首先，凡·高在这些画作中展示了当下对色彩更深层次的研究，主要以黄色单色色调变化为主。他并没有使用黄色的对比色紫色，而是引入蓝色，偏好性的颜色混用打破了严谨的理论规范。在阿尔勒，凡·高脑海中一直思索着17世纪荷兰画家维米尔的用色。提到黄色和蓝色，他多次想起维米尔。在写给贝尔纳的信中，他提到阿姆斯特丹国立博物馆里维米尔的一幅肖像画，画面上这两种颜色结合得极为精妙。其次，创作一系列主题紧密相关的油画的想法表明凡·高的作品发生了重要转变，绘画不再是传统意义上的单纯陈述。之前的作品《吃马铃薯的人》并未传达出如此深奥的内涵。在此，凡·高发掘出一种新的可能性，即将一系列画作结合起来，每一幅画代表着一个单词，结合在一起构成图画语句。1889年，他提出将向日葵画作放在肖像画的两侧（彩色图版34），就像三联画边幅一样，以此强调和表明肖像画本身无法传达的意义（图30）。

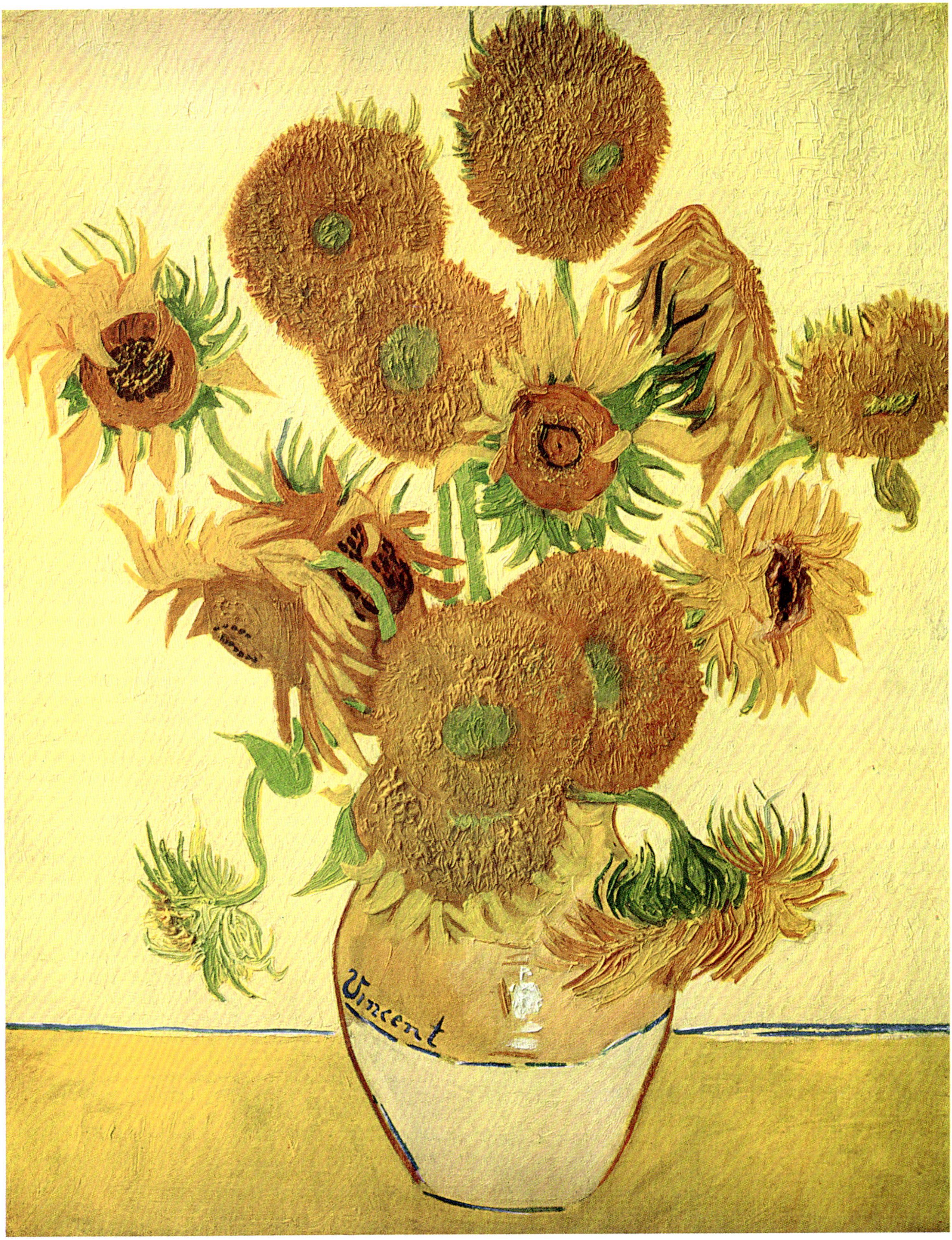
Vincent

23　艺术家的卧室
The Artist's Bedroom

1888年10月；布面油彩；72cm×90cm；凡·高国立博物馆，阿姆斯特丹

　　凡·高还以黄房子卧室为主题创作了一幅画，它描绘的是挂着作品的房间，凡·高想以此向高更展示自己一直在做的事情。他向弟弟描绘道："这次画的只是我的卧室，在这里，色彩代表着一切，色彩的简化赋予平常事物宏伟的格调，让人联想到休息或是睡眠。总的来说，看这幅画时，大脑是放松的，或者更确切地说，是让想象力休息一下。"给提奥写的这一说明随附在草图（图25）中。油画与草图之间一个明显的区别在于色彩。凡·高在附有草图的信中写了详细的色彩标注。但更值得注意的是两幅画在空间处理上的差异，油画屏弃严格的几何透视，画面呈现了强烈的即时感。画面中物体与我们观者所处位置之间的关系被描绘为"空间现象学"，也就是说我们体验和记住的空间关系不同于自文艺复兴时期以来艺术家在绘画上惯用的几何透视体系。因此，除了对色彩表现力的探索之外，凡·高还探索了全新的空间呈现。

图 25
艺术家卧室

1888年10月17日；
554信件上速写；
凡·高国立博物馆，
阿姆斯特丹

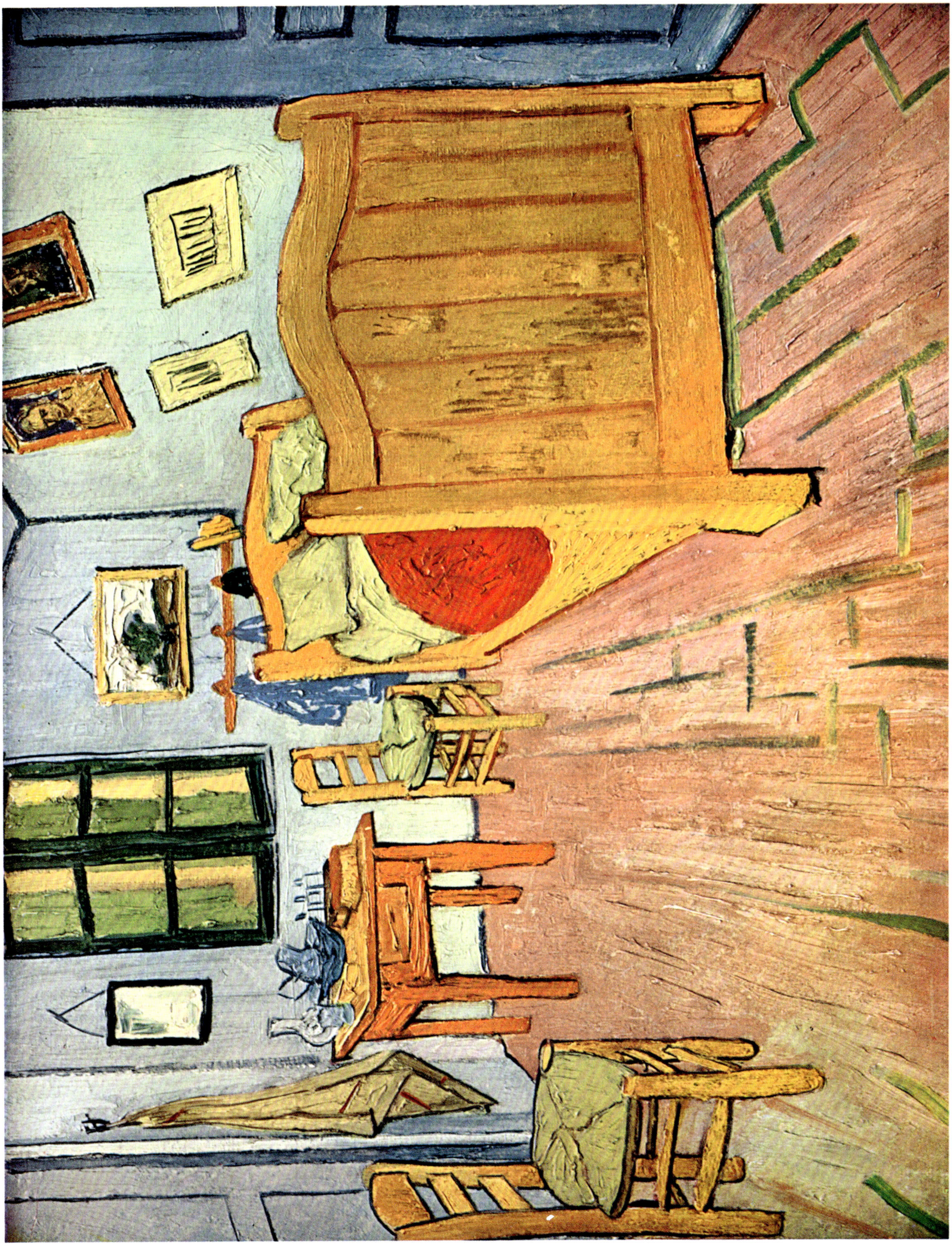

24 拉克罗平原上的收获景象（"蓝色推车"）
Harvest at La Crau ('The Blue Cart')

1888年6月；布面油彩；72.5cm×92cm；凡·高国立博物馆，阿姆斯特丹

  凡·高在阿尔勒创作的作品可分为若干系列，其中一个系列是以季节为主题的风景画。1884年，凡·高在尼厄嫩对这一系列创作有了初步构想，每一季节的描绘均以一组对比色呈现。1888年3月，凡·高来到阿尔勒开始创作名为"春天"的油画，描绘的是粉色、绿色色调下春意盎然的果园。6月，画了蓝色、橘色色调下的《夏天》，描绘的是阿尔勒与蒙马儒修道院之间的拉克罗平原上的收割景象。对凡·高而言，这是一件重要作品，之前他画了这一主题的两幅素描（图26），当油画完成后，又接着画了另外两幅素描。其中一幅寄给了约翰·鲁塞利。我们将素描与油画作品相比较，就会发现凡·高在创作过程中改动了许多地方。油画作品中，空间得到了延展。高视点远望下，我们可以看到广大的平原，远方的蒙马儒塔和群山逐渐变小。凡·高在信中经常提到拉克罗平原，说它总是让人回忆起荷兰，但不是现代荷兰，虽然拉克罗平原的颜色有别于荷兰的平原。在这幅风景画中，我们能看到17世纪艺术家鲁伊斯达尔和德·科尼克风景画的影子，这两位画家均以全景式风景画闻名于世。凡·高在普罗旺斯创作的季节性系列作品往往是对旧时荷兰想象的移情，同时也是对永恒空间的想象，在那里，四季变换，一切如故。

图 26
拉克罗平原上的收获景象（"蓝色推车"）

1888年6月；纸上水彩和墨水；39.5cm×52.2cm；马萨诸塞州剑桥；哈佛大学福格艺术博物馆提供；格伦维尔·温思罗普遗赠

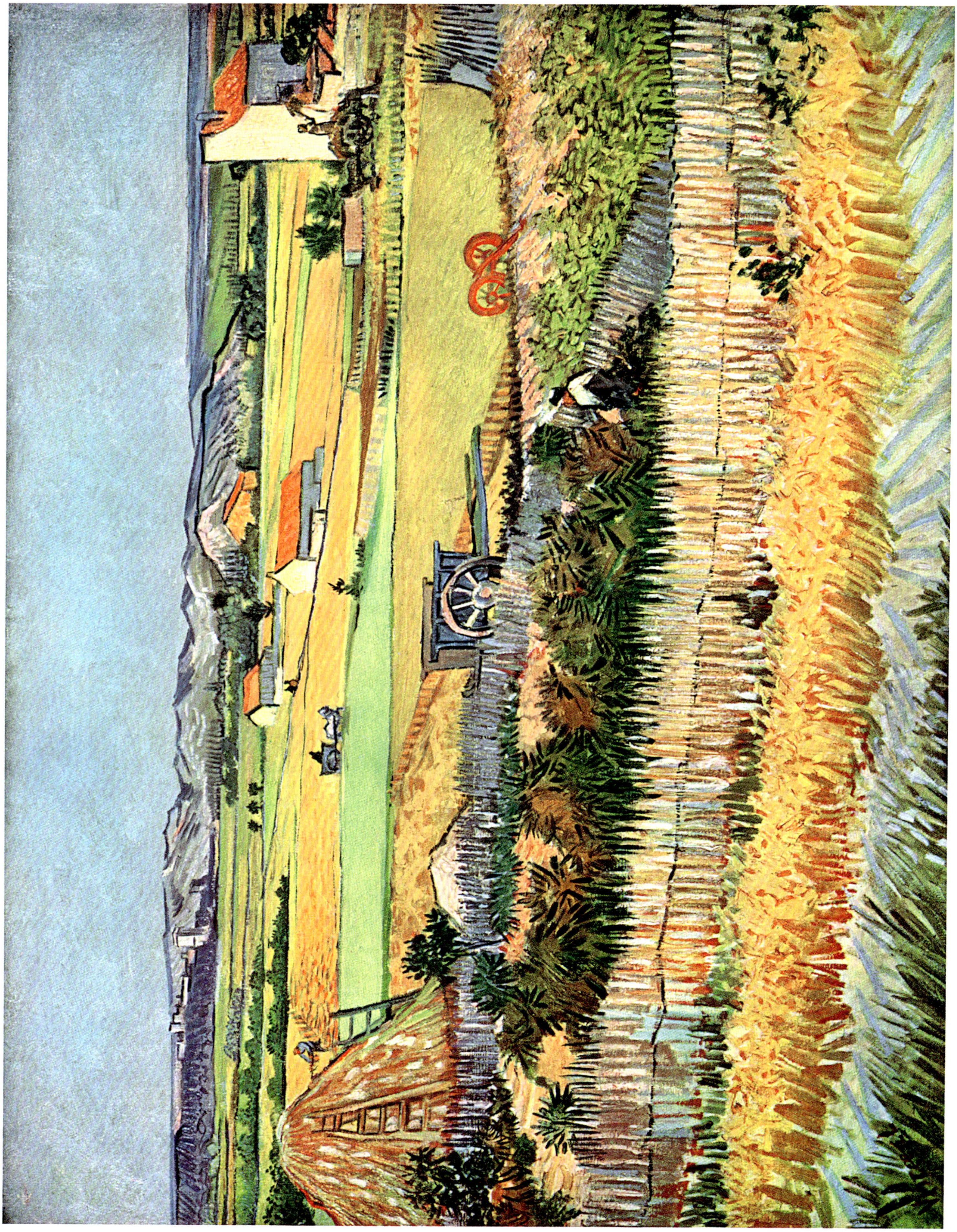

25　普罗旺斯的干草垛
Haystacks in Provence

1888年6月；布面油彩；73cm×92.5cm；库勒-穆勒博物馆，奥特罗

　　1888年6月描绘的这幅有着两个巨大干草垛的普罗旺斯农场画与《拉克罗平原上的收获景象》（彩色图版24）组成对幅。让我们想到凡·高1885年在尼厄嫩创作的早期麦田画作（彩色图版2），当时他也沉浸在观察一轮又一轮农村劳动与一年四季更迭之中。随附素描（图27）是油画创作后的一幅素描画作。凡·高以绘图师身份开始自己的艺术生涯，素描仍然是他作品的重要部分。素描不仅是油画创作的前期准备，也服务于油画，它是独立的练习。这幅素描表明，凡·高在阿尔勒的创作包含丰富的图形符号与设计语汇，同时他也在探索色彩，运用不同的笔触和标记表现每个物体的不同纹理与特征。凡·高在画面局部效仿日本绘图师使用了芦苇秆水笔。实际上，他打算将这些阿尔勒作品收集成册，就像他读过的有关日本艺术家的书籍那样。

图 27
干草垛

1888年6月；纸上芦苇秆水笔和墨水；24cm×31.5cm；艺术博物馆，布达佩斯

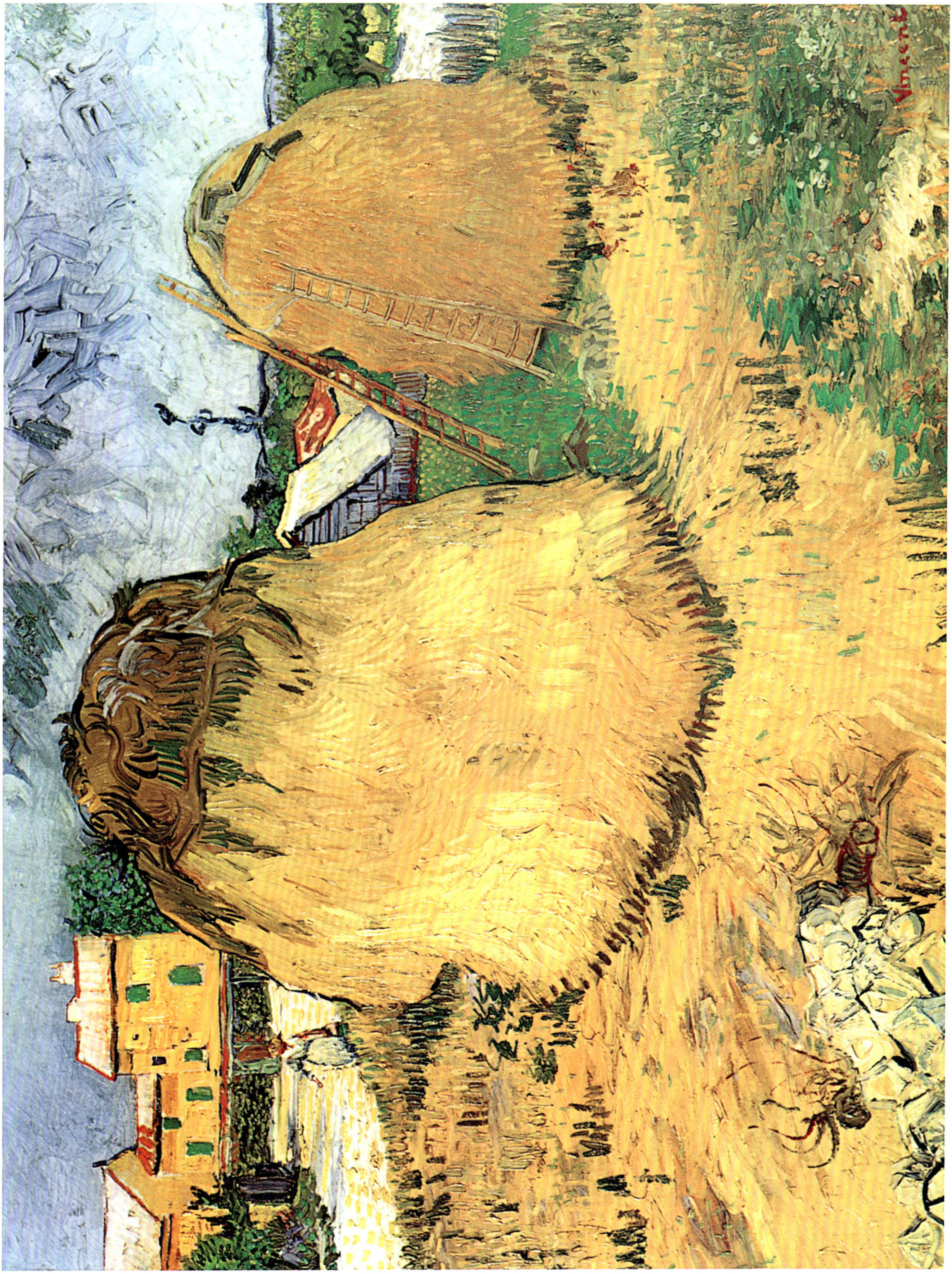

26 播种者

The Sower

1888年秋天；布面油彩；32cm×40cm；凡·高国立博物馆，阿姆斯特丹

　　凡·高描绘了秋天播种的景象。刚当艺术家没几个月时起，他就着迷于农民播种的主题。1880至1881年，他临摹了多幅让·弗朗索瓦·米勒最为有名的播种者蚀刻版画，还以布拉班特当地人为模特，创作自己的播种者主题作品。1888年6月，他重拾该主题，创作了田野里播种者的风景画，小小的人物身影之上是一轮巨大的太阳（图8）。他在6月写的信中直接提到了米勒的《播种者》，但抱怨道，米勒的作品缺乏色彩。凡·高的一个目标就是纠正这一点，并在某种意义上运用现代色彩理论重新绘制主题，升华米勒的主题，而对这一主题，凡·高也深感共鸣。作品起初计划以黄色、紫色绘制，但最终计划落空。到了秋天，他重新绘制《播种者》，他画了两幅，其中的这幅为较小幅面作品，创作时间可能偏晚。他运用了紫色和黄色。播种者主题给凡·高的感觉是复杂的：它向米勒致敬，代表着凡·高对现代艺术中乡村主题的坚定拥护；它预示着四季更迭，生活和工作的周而复始；同时它也指向《圣经》，尤其是寓言（以平凡故事来传达寓意的独特方式）；最后，它让人想到现代文学，比如左拉的小说《土地》（1888），该小说围绕播种和收割景象进行构思。1889年7月，凡·高用紫色和黄色补画了《收割者》（图28）。

图 28
收割者（细部）

1889年7月；布面油彩；
73cm×92cm；
凡·高国立博物馆，
阿姆斯特丹

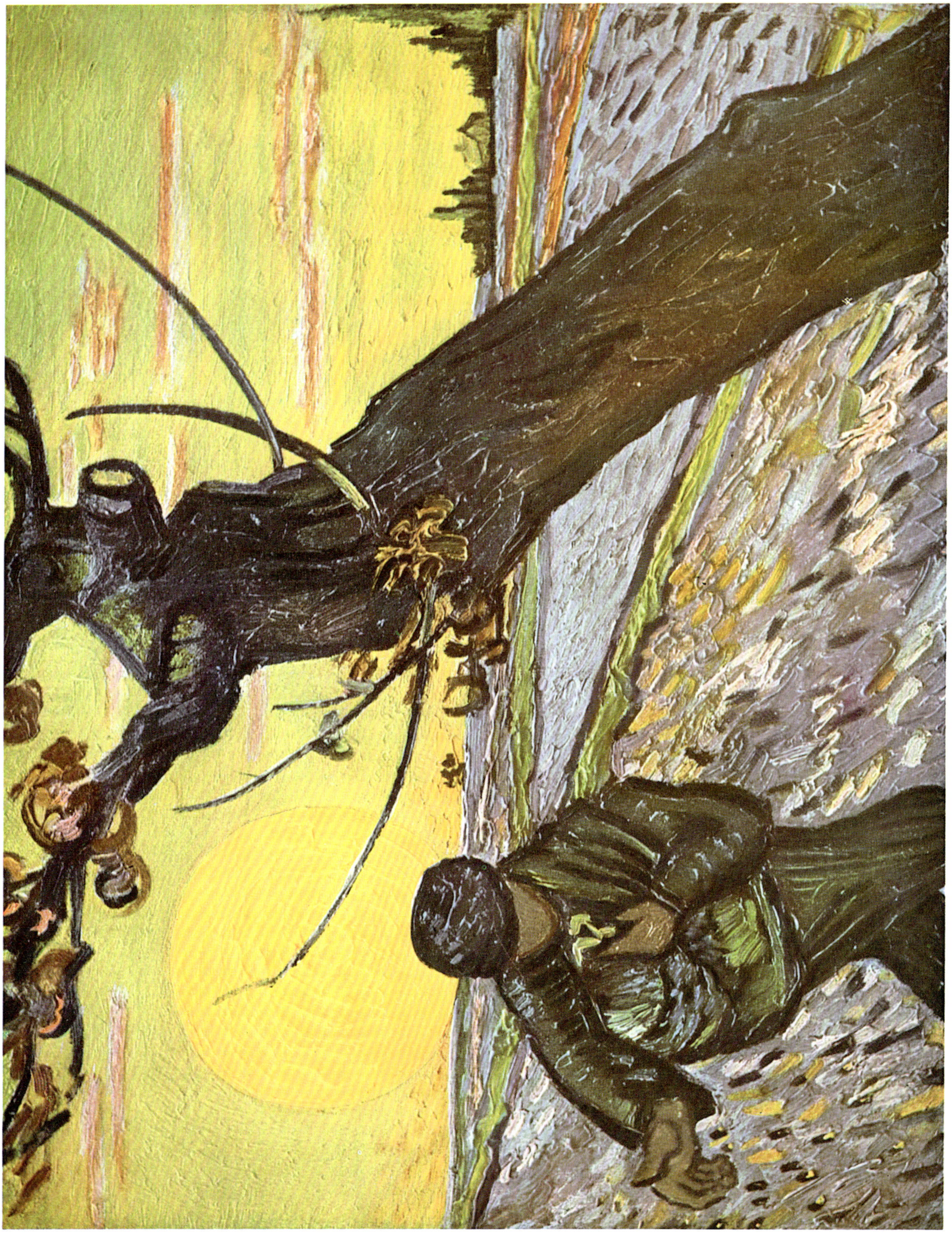

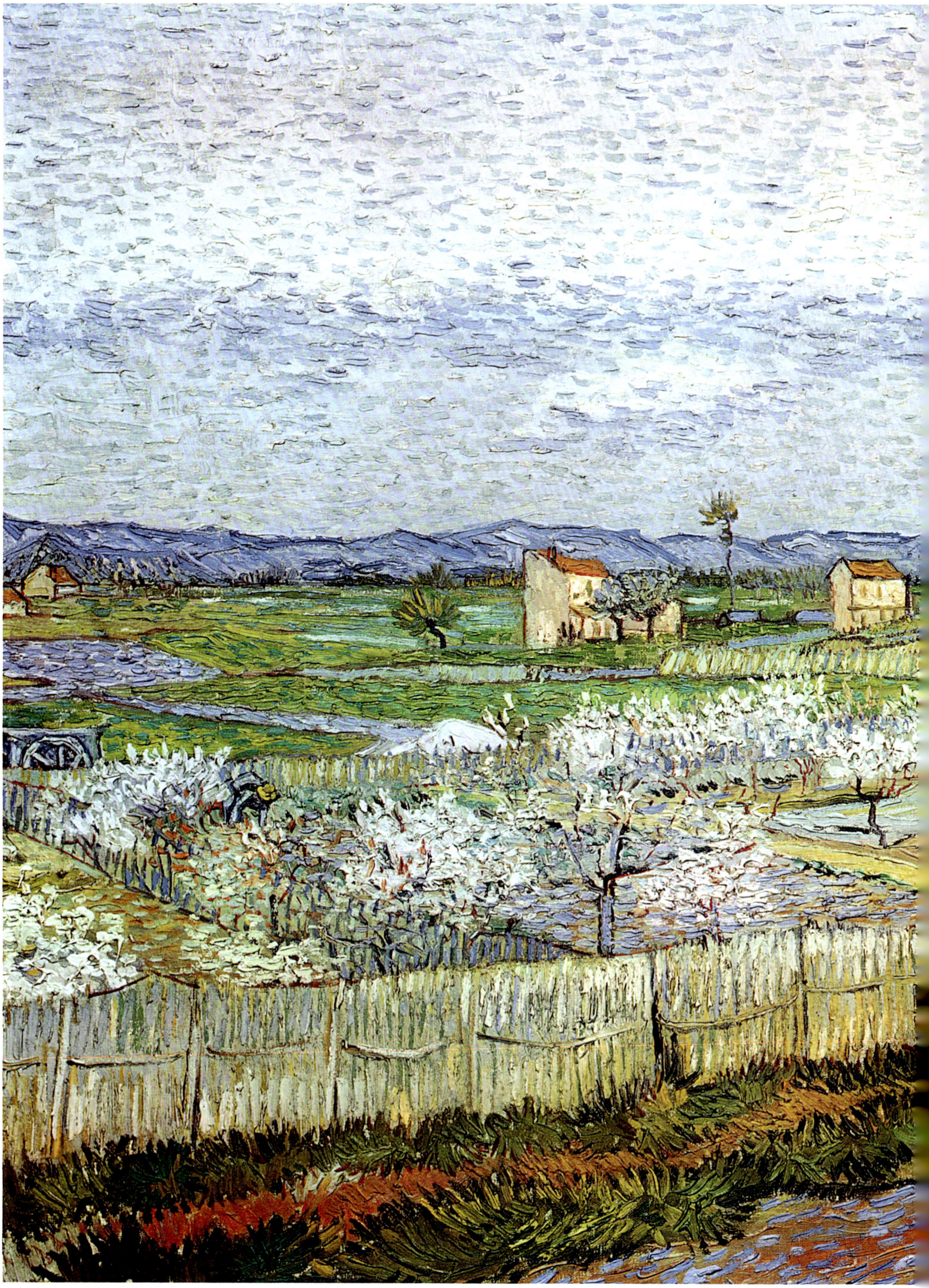

有果园的拉克罗平原 27

The Plain of La Crau with an Orchard

1889年4月；布面油彩；65.5cm×81.5cm；考陶尔德艺术学院画廊，伦敦

到了春天，凡·高画了春意浓浓的果园。画中场景与《拉克罗平原上的收获景象》（彩色图版24）绘制地点相同，但视角更为倾斜，全景内容覆盖较少。画面中也出现了同样的蓝色推车，就在画布左侧。在写给巴比松画派画家、新印象派画家保罗·西涅克的信中，凡·高说明了自己的创作缘由："就像某些日本风景画一样，一切都小小的：花园、田野、果园和树木，甚至是山脉，正是这些，让我对这一主题感兴趣。"果园以及远处白雪皑皑的山脉都是日本浮世绘版画的主题，像《唐吉老爹肖像》（彩色图版7）的背景就涉及这些。凡·高还创作了有关日本印象的作品，创作灵感有的源自日本木刻作品，有的源自西方游客到远东旅游的书籍。在这幅春天版本的《有果园的拉克罗平原》中，他将自己对于日本的想象投射到普罗旺斯上，正如以17世纪荷兰绘画风格创作的收获景象作品中那样，在画面上附加了古老的荷兰景象。

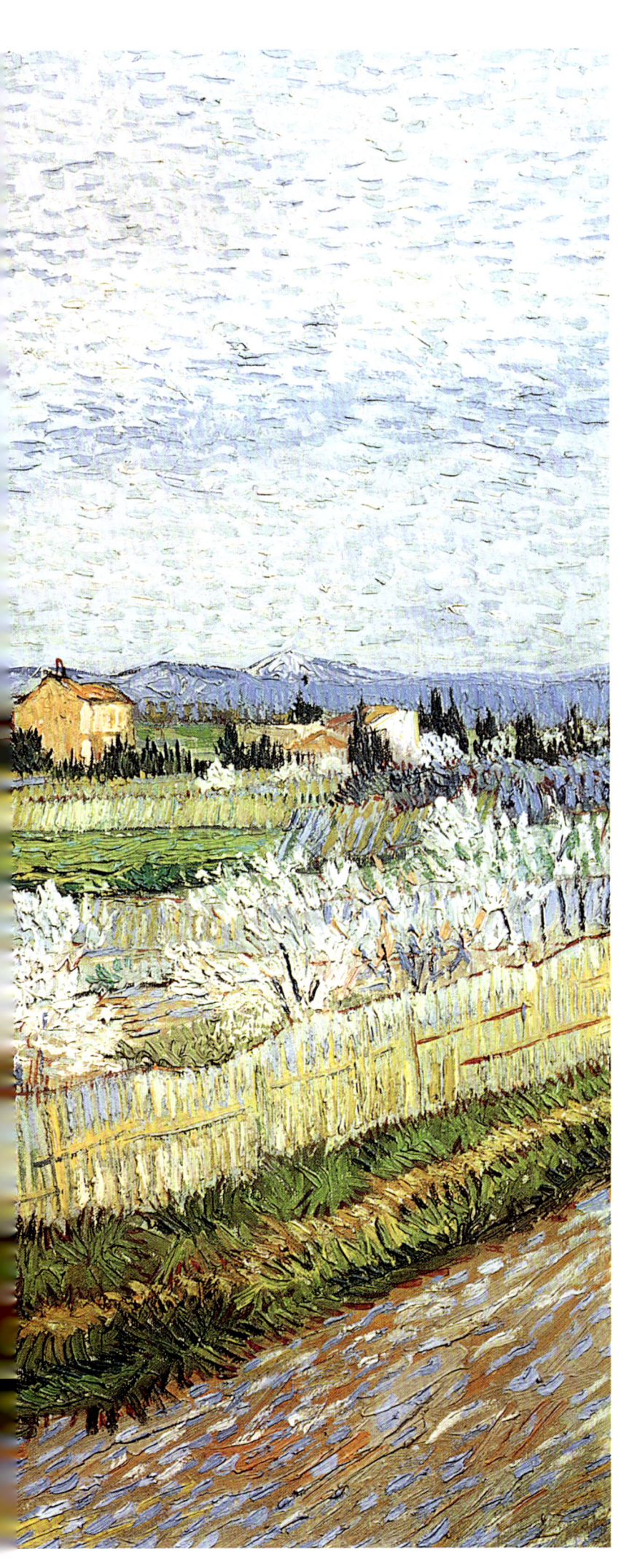

28 阿尔勒鲜花盛开的果园
View of Arles with Orchards

1889年4月；布面油彩；72cm×92cm；斯图加特州立绘画馆，慕尼黑

凡·高离开阿尔勒前不久画了这幅城镇景色，一眼望去是鲜花盛开的果园以及一排高大的树木。这幅小镇画作与他刚到这里时画的不一样。既没有描绘麦田，也没有描绘汽油罐、铁路这些工业标志。相反，我们看到的是中世纪的阿尔勒，周围遍布栽培作物、土地肥沃的菜园。画面的封闭感、富足感，甚至是梦幻感可与《杜贝里公爵特雷斯描金日课经》这样的中世纪祈祷书中的插图相提并论。1890年，凡·高将这幅画取名为"鲜花盛开的果园"（阿尔勒），与比利时先锋团体二十人展作品一起在布鲁塞尔参展。凡·高曾三次与巴黎《独立报》合作出展：1888年三幅，1889年两幅，1890年十幅。他选了四幅画送往布鲁塞尔：两幅向日葵作品，一幅日出时的麦田，还有《红葡萄园》（由比利时艺术家安娜·博沙购得）。二十人展之后，《现代艺术》杂志刊登了艾伯特·奥瑞尔于1890年在《法国信使》上发表的一篇有关凡·高作品的文章节选，原文内容详尽，热情洋溢。

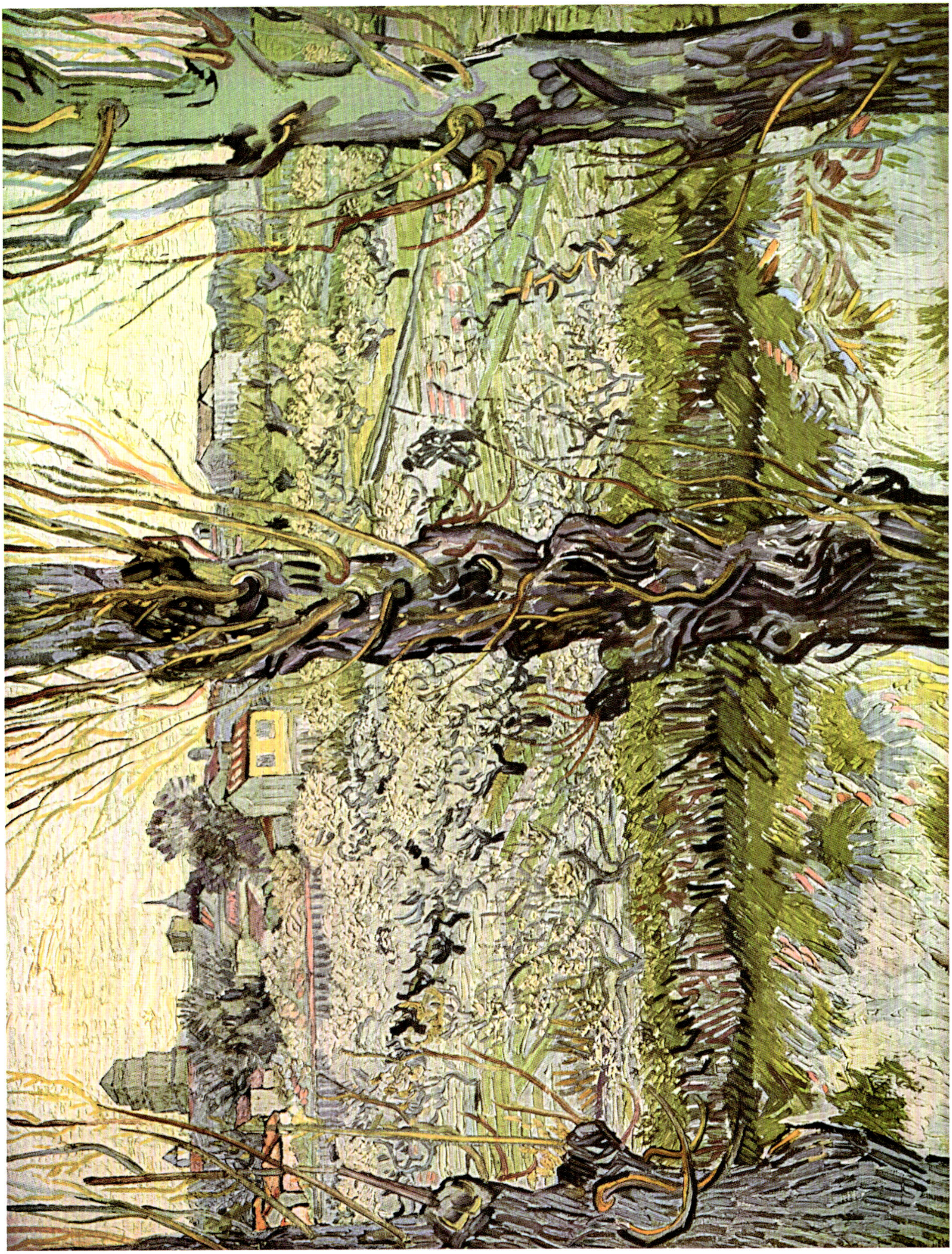

29 阿莱城的基诺夫人
Madame Ginoux ('L'Artésienne')

1888年11月；布面油彩；90cm×72cm；大都会艺术博物馆，纽约

纵观凡·高的整个艺术生涯，他一直渴望成为一名人物肖像画家。由于缺乏艺术教育，他并没有实现这一愿望；他没有充分地学习过解剖学以及其他相关学科的知识，也不总付得起模特的费用。尽管有这些不利条件，肖像画却在他的艺术创作中发挥着重要作用，是他现代艺术创作蓝图的核心。他在1888年写道，希望人物肖像的技法能得到变革，并对贝尔纳说，正是肖像画让先锋派赢得了公众支持。关于凡·高对肖像画的认知基础，一方面源自他读到的19世纪法国作家的重要著作，这些作家认为17世纪荷兰艺术以肖像画为缩影，是现代艺术的开端；另一方面源自17世纪画家哈尔斯和伦勃朗的肖像画，凡·高研究了那些画作。他参照哈尔斯和伦勃朗肖像画中经典的简单背景，描绘了这幅身着当地华丽服饰（让人想到17世纪荷兰平民妇女服装）的阿尔勒妇女。高更也画过基诺夫人，凡·高在1890年复画了那幅肖像画（图29）。在1890年画作中，书名清晰可读；一本是狄更斯的《圣诞颂歌》，另一本是哈丽叶特·比切·斯托的《汤姆叔叔的小屋》。后来，凡·高的肖像画中频繁出现这一处理方式——通过文学为自己的画作赋予意义，从纯粹的人物肖像记录到画出人物的精神状态。

图 29
基诺夫人肖像，在保罗·高更素描之后绘制

1890年1至2月；布面油彩；
65cm×49cm；
库勒-穆勒博物馆，奥特罗

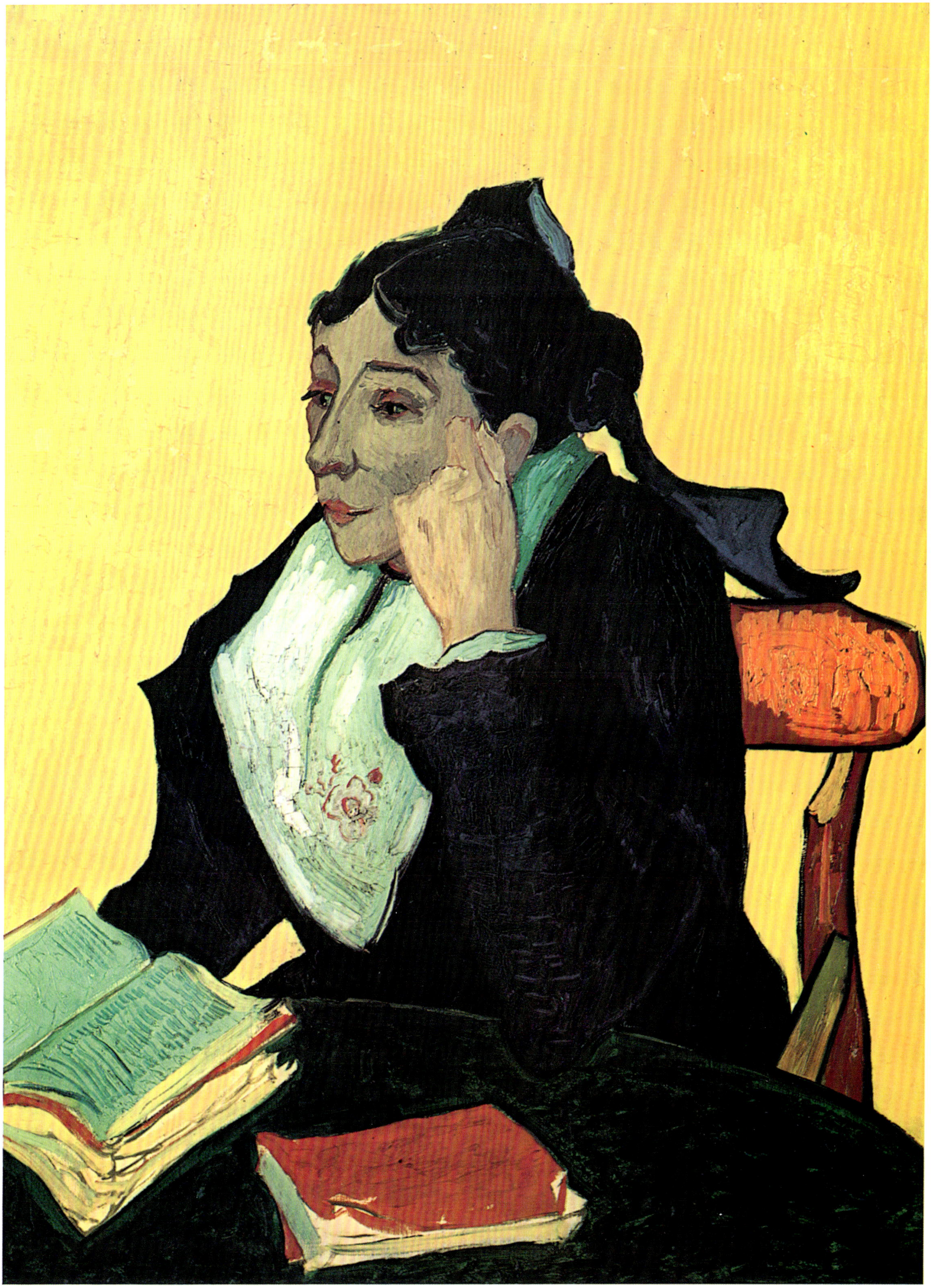

30 米列肖像（"朱阿夫兵"）
Portrait of Lieutenant Milliet ('The Zouave')

1888年6月至8月；布面油彩；81cm×65cm；私人收藏

在阿尔勒，凡·高结识了在阿尔及利亚服役的朱阿夫兵。凡·高让他以模特身份坐下来，画了三幅油画和两幅素描，再让他对这些画作提提建议。凡·高的这位朋友在他笔下穿了一身朱阿夫兵服，色彩鲜艳，极具异域风情。在写给弟弟的信中，凡·高提到了自己在处理服装上色时遇到的困难：颜色强烈刺激，不够协调。但他解释说，自己就喜欢这样俗艳、花哨的肖像画创作。当时，他在一封关于普罗旺斯农民肖像（图11）的信中，提到自己崇尚这种天然的粗野，反对过于精致和颓废的大都市品味。朱阿夫兵这一现代肖像画主题，其吸引力不仅在于它并非世俗、城市感的粗犷，还在于它与南方有关。在凡·高看来，米列在阿尔及利亚服役让人想到德拉克洛瓦，也让人想到阿尔及利亚这个较为原始、更为健康的社会。凡·高曾想说服埃米尔·贝尔纳到阿尔及利亚服役，因为他觉得这可以帮助贝尔纳恢复健康，摆脱大都市生活和思想带来的不良影响。对凡·高来说，这一主题还可能有另一个重要意义，就是米列是一名士兵：哈尔斯不是曾反复画过市政警卫和军官的华丽舞会吗？舞会上的人们不是盛装打扮，面色红润，欢快无比吗？

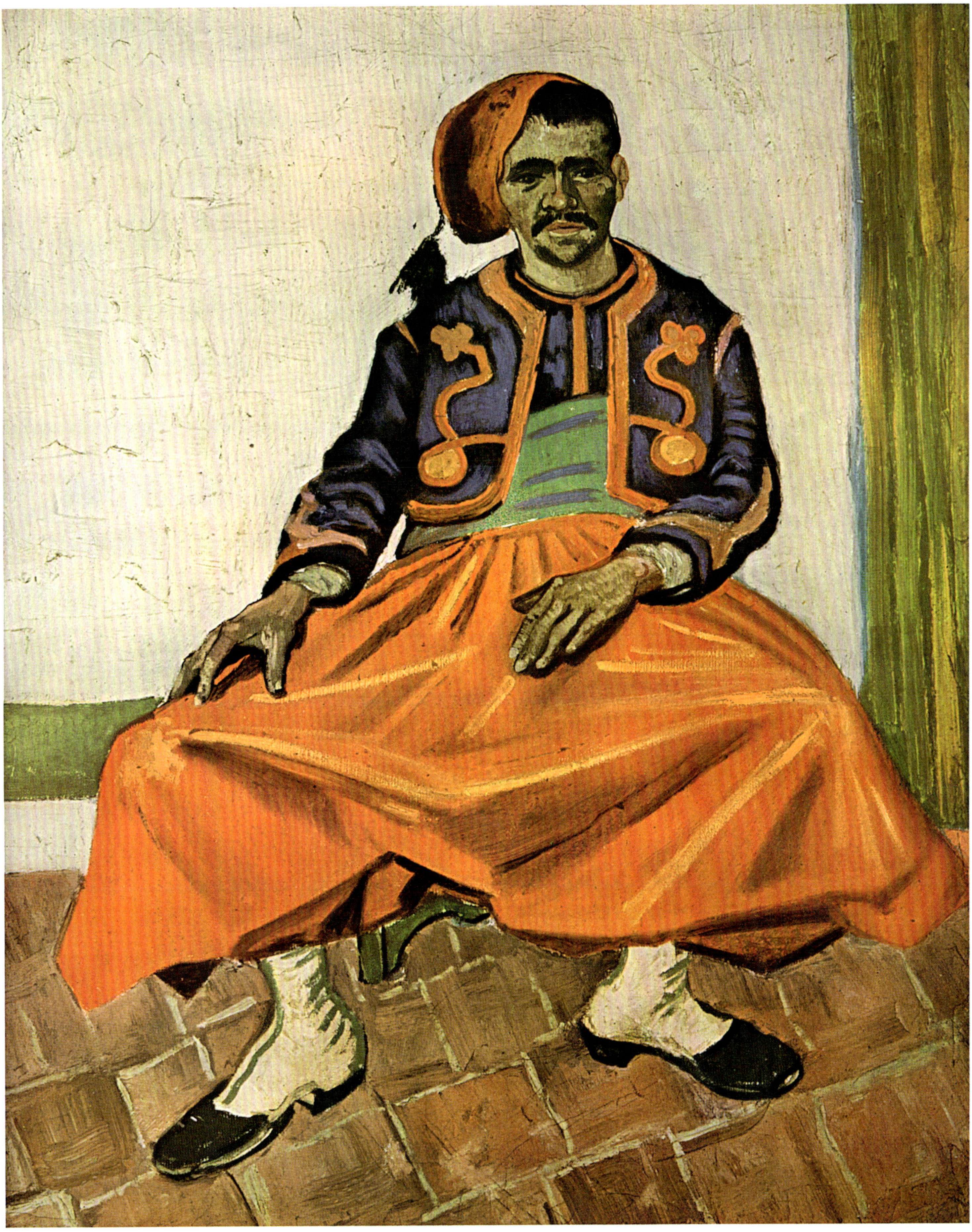

31 女孩肖像（"莫斯梅"）
Portrait of a Girl ('La Mousmé')

1888年7月；布面油彩；74cm×60cm；切斯特·戴尔收藏；国立美术馆，华盛顿

  1888年6月，凡·高读到一本名为《菊子夫人》的小说，作者是深受欢迎、多产的作家皮埃尔·洛蒂，表面上这是一本关于日本的书。洛蒂对年轻日本女孩莫斯梅的描写给凡·高留下了深刻印象，之后，凡·高就为这幅阿尔勒女孩肖像画取名为"莫斯梅"。洛蒂的日本游记和小说为凡·高呈现了一幅奇特的远东景象。洛蒂对日本生活和文化缺乏观察，描述出来的只是西方游客眼中的东方异国情调和奇幻的场景，时而奢华，时而古朴。在普罗旺斯旅居的荷兰人凡·高似乎对当地生活和居民知之甚少。那个地方风景如画、古雅别致、与众不同，让他感到一股肤浅的快乐，他可以自由地赋予当地阿尔勒女孩以"东方特征"。

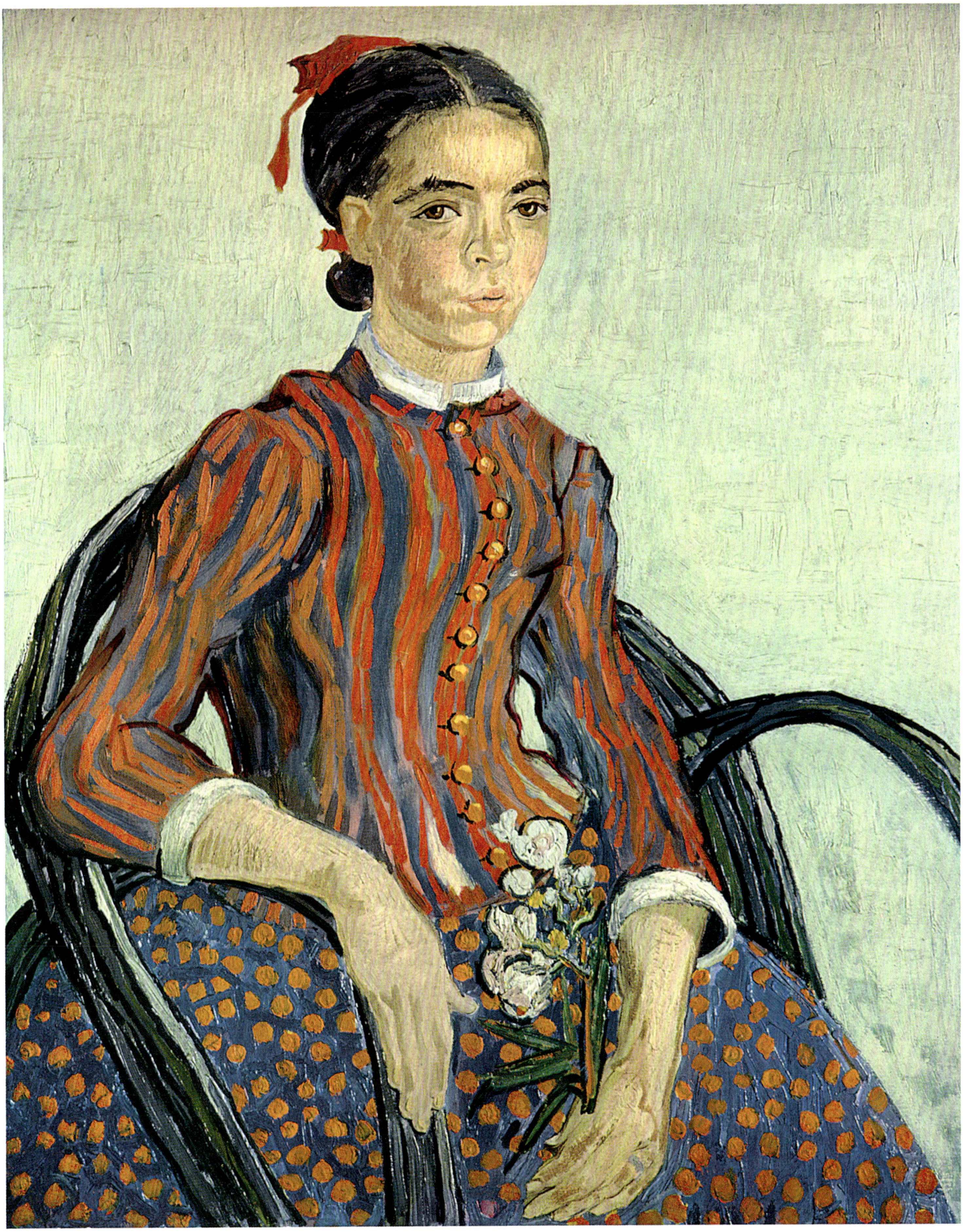

32　尤金·博赫肖像（"诗人"）

Portrait of Eugène Boch ('The Poet')

1888年9月；布面油彩；60cm×45cm；奥赛美术馆，巴黎

　　1888年8月，凡·高告诉弟弟说自己打算用夸张的颜色为艺术家朋友画肖像（凡·高称之为"做梦的人"）。他并未选择简单的室内背景，而是将其营造出星空的效果。他在信中写道："这样人物头部就会像天空中星星发出的神秘光辉被凸现出来。"他同往常一样，并未去刻意关注模特的具体身份和性格。在这幅肖像画中，凡·高将比利时画家尤金·博赫描绘为做梦的诗人。尤金以一种直观的方式被呈现出来，他穿着现代服装，画面背景上添加了星星。后来，凡·高将这幅画称作"星空下的诗人"。他以亮黄色和深蓝色相结合为博赫上色。他将人物头部置于星空这一想象的背景之下，旨在赋予肖像更多象征意义，即艺术家作为梦想家，声明自己与当下的社会现实不合拍。尽管凡·高对现代肖像画有着诸多野心勃勃的设想——运用色彩并辅以象征属性——但如果凡·高没有在信中附加充分的文字解释，仅从画面是无法读出这些意义的。

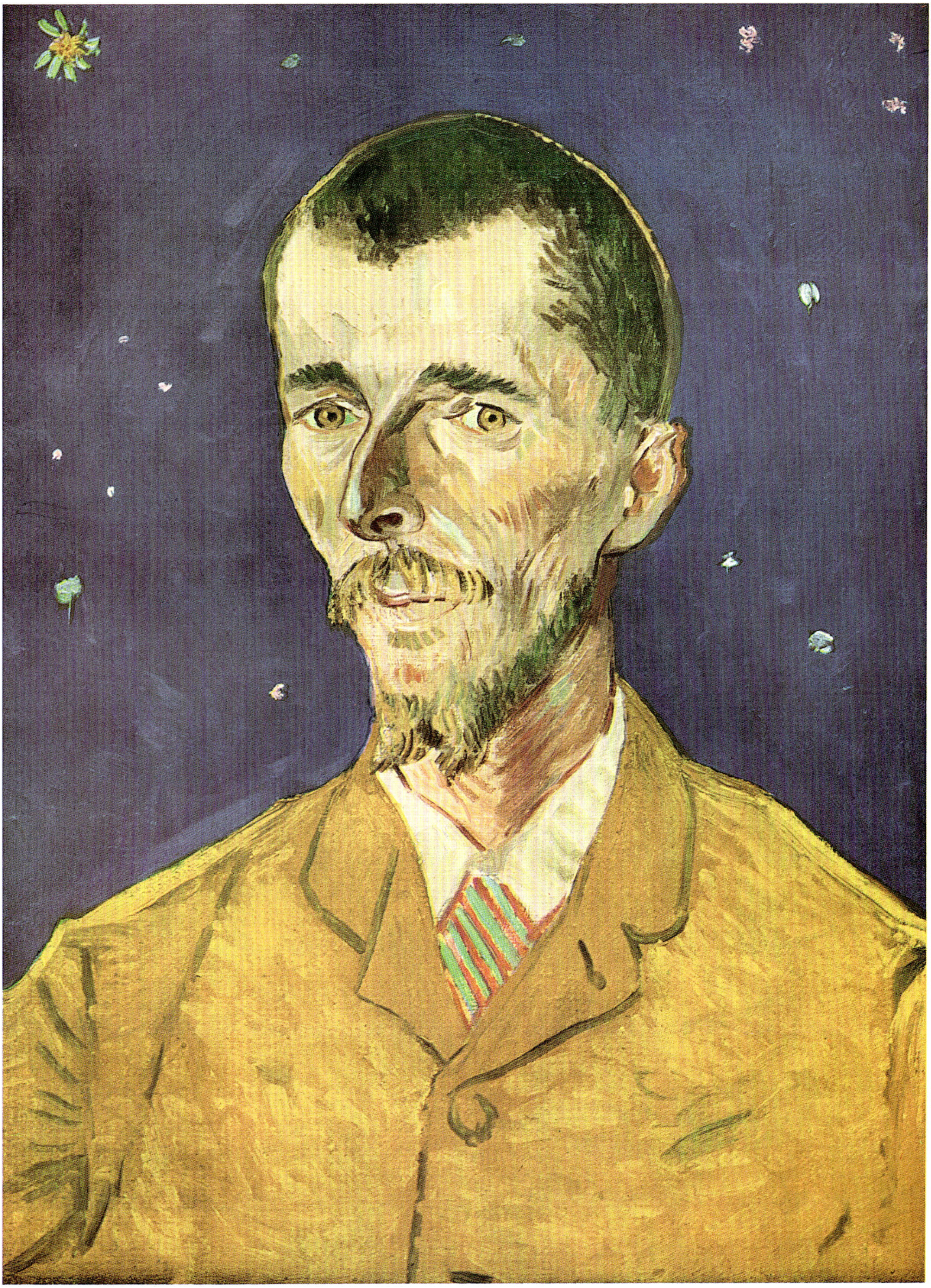

33　邮差约瑟夫·鲁兰肖像
Portrait of the Postman Joseph Roulin

1889年1至2月；布面油彩；65cm×54cm；库勒-穆勒博物馆，奥特罗

在写给埃米尔·贝尔纳的信中，凡·高经常详细地说明自己对肖像画的看法，不断地引用17世纪荷兰肖像技法阐明自己的观点。他认为，哈尔斯和伦勃朗是最早一批也是最一流的肖像画家，这绝不仅仅是从塑造形象上像不像的角度上来说。从整体上来看，他们的作品描绘的是社会"全貌"，一个充满活力、健康的理性共和国"全貌"。凡·高旨在呈现类似的社会表征，但现代社会关系并不像他们那时那么理性与健康。他的构思既保守，又不切实际，而且，很显然他的思路也受到了局限。于是，他打算画愤愤不平的共和党人——邮差鲁兰一家。1888年夏天，他有了初步想法，整个秋天，他都在深入构思，直至1889年才最终完成作品。他画的第一幅鲁兰肖像画是面朝右侧的大半身坐像油画，与肖像画《奥古斯丁·鲁兰夫人肖像》（彩色图版34）相近，后者也采用大半身坐像构图，只不过夫人面向左侧。这种处理方式与17世纪荷兰绘画中常见的伉俪肖像对画方式相同。这里的鲁兰肖像画是在最后一幅鲁兰夫人肖像画之后绘制的，虽然两者在构图上不尽相同，但它们之间有关联，鲁兰肖像画以装饰性花卉为背景，与人物头部相呼应。

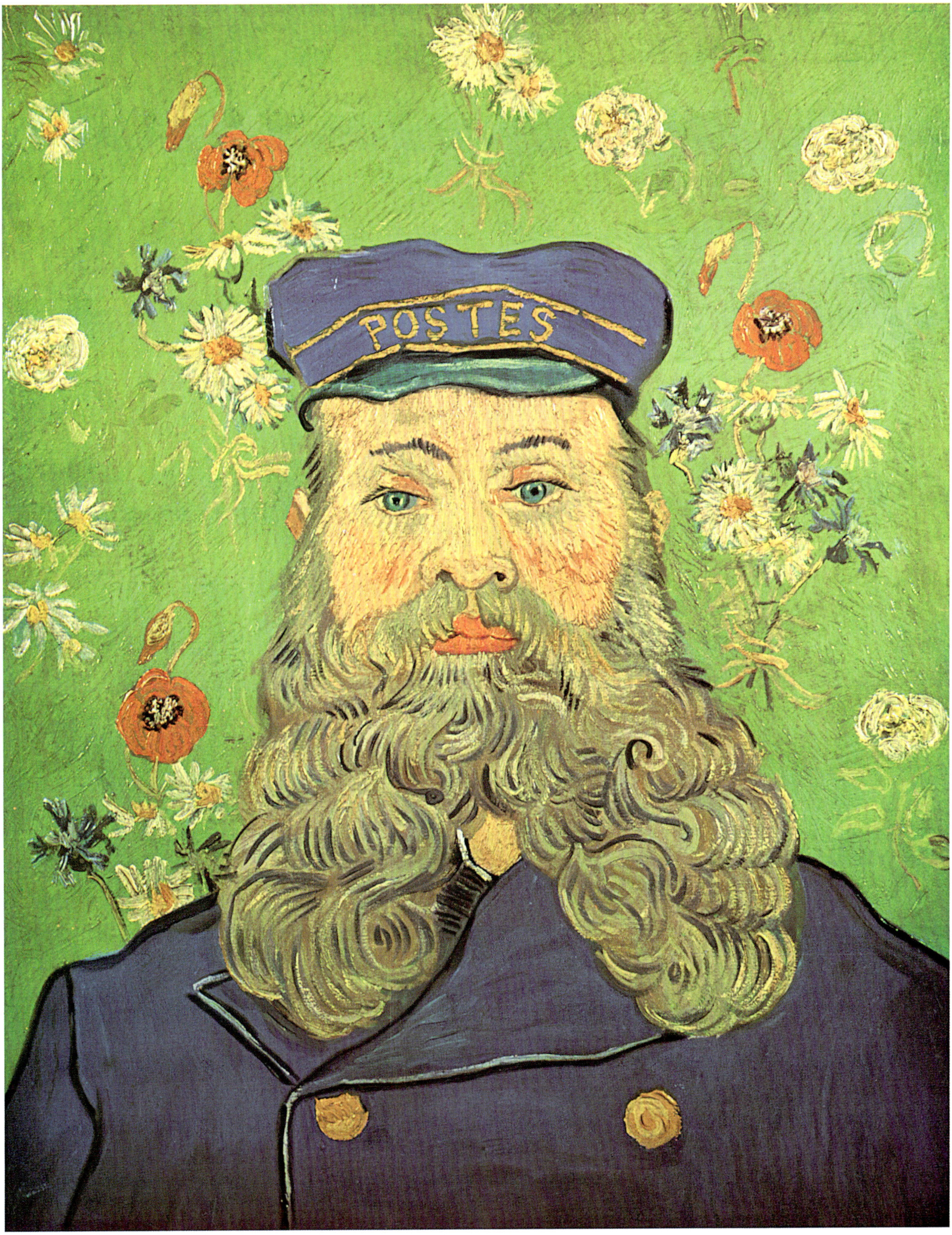
POSTES

34 奥古斯丁·鲁兰夫人肖像（"摇篮曲"）

Portrait of Madame Augustine Roulin ('La Berceuse')

1889年1月；布面油彩；92cm×73cm；库勒–穆勒博物馆，奥特罗

凡·高原计划在1888年末完成邮差夫人画像，但被一些事耽搁了，直到1889年年初，画作才最终完成。当时，这位邮差夫人刚生了第三个孩子。这幅作品的最初构思是为了让其成为"家族肖像系列"中的一幅，但1888年秋天高更的到访改变了这一初衷。在这幅画中，凡·高尝试了另一种方式，即赋予肖像画以复杂的内涵。他将这幅画命名为"摇篮曲"，意思是摇摇篮的女人，以及在摇篮旁边哄孩子时唱的催眠曲。鲁兰夫人首先代表的是母亲，她双手握着一根用来摇晃摇篮的绳子。凡·高在信中对这件作品做了补充说明，他提到洛蒂的另一本小说《冰岛渔夫》，书中作者描述了渔船船舱里古老粗糙的彩釉圣母玛利亚雕像为孤独的布列塔尼渔夫带来家一般的舒适与回忆。对凡·高而言，这幅画属于重要作品。他一共画了五个版本，其中一个让画中模特拿走了。凡·高将这几个不同的版本拿给高更和贝尔纳看，并提议为它们配上特殊背景。他将右侧这幅画配以两幅向日葵作品，向日葵鲜艳的黄色强化了画面想要传递出的感激之情（图30）。不过后来当他不理睬高更、贝尔纳，拒绝认同他俩追求的理念时，凡·高也不再接纳这幅肖像画了，不过这是他的心血之作。

图30
592 信件上速写

1889年5月；
凡·高国立博物馆，阿姆斯特丹

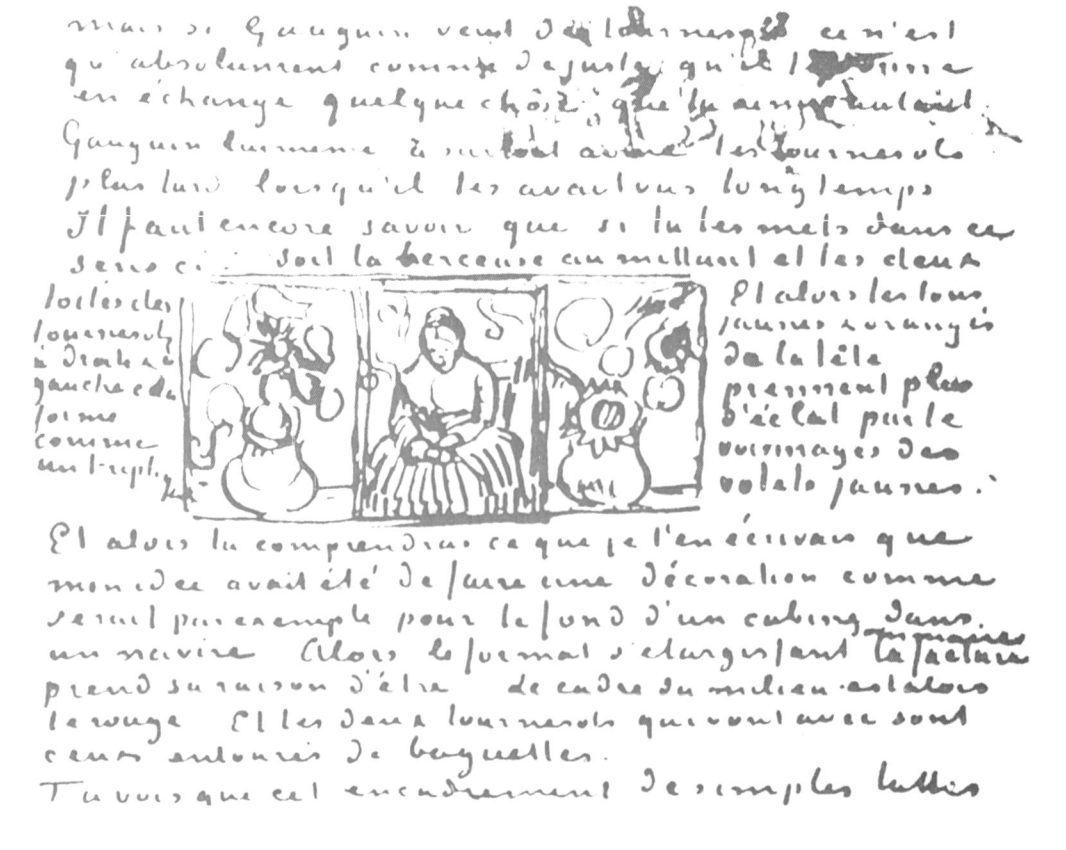

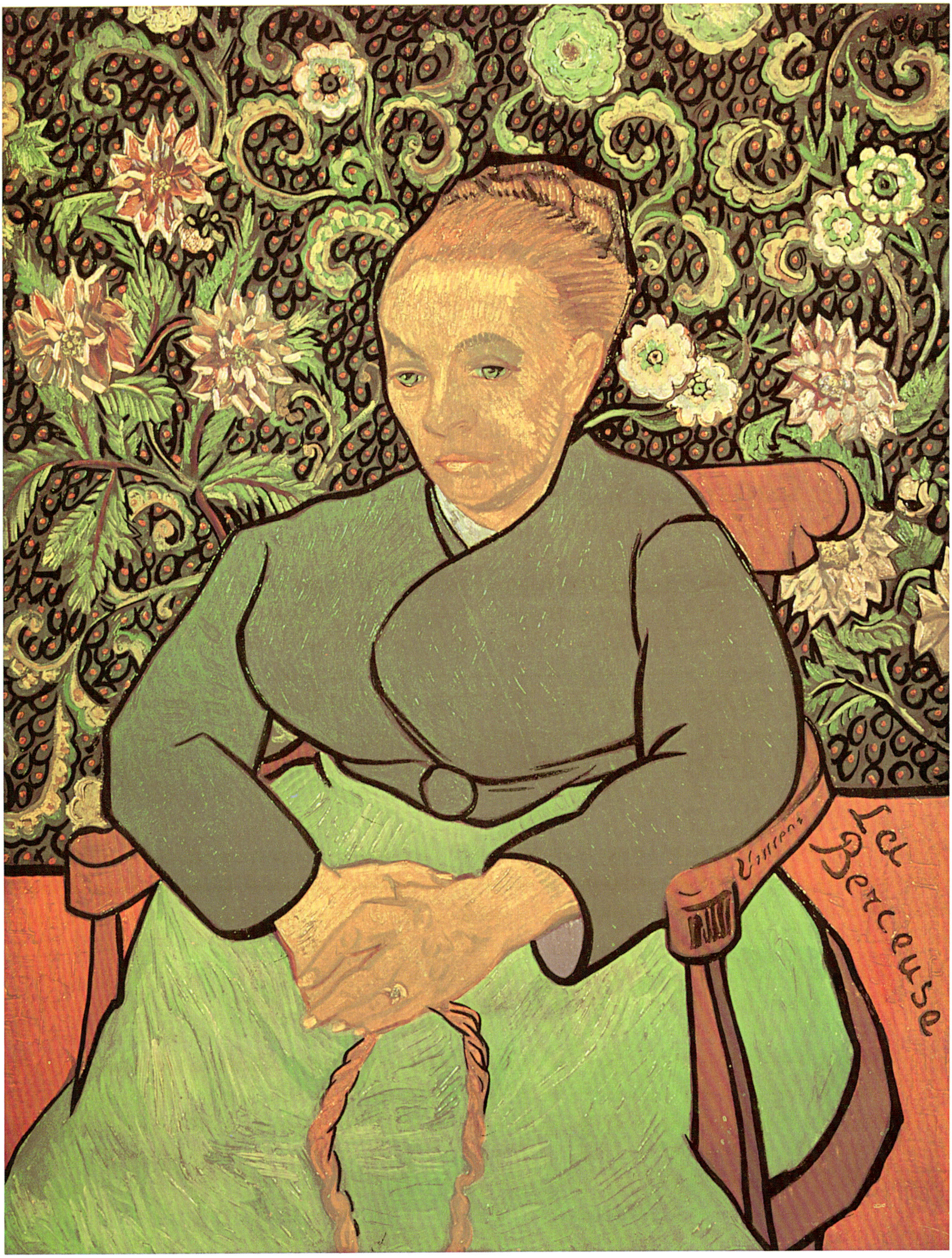
Vincent
La Berceuse

35 阿曼德·鲁兰肖像
Portrait of Armand Roulin

1888年11月；布面油彩；65cm×54cm；博伊曼斯博物馆，鹿特丹

凡·高为鲁兰十七岁的儿子阿曼德画了两幅肖像画。这两幅画均于1888年11月完成，但都比事先计划的尺寸小。其中一幅（彩色图版35）画的是穿着深蓝色西装、戴着配套帽子的年轻男子侧面；而另一幅（可能是第一版本，图31）画的是正面的阿曼德·鲁兰，他穿着柠檬色夹克、对比色鲜明的蓝色帽子和西装马甲。两幅画作在构图上均非常简单，没有像鲁兰父母肖像画中那样添加任何额外细节、装饰或布景，或通过色彩、背景或服装尝试引入层次丰富的意义。这两幅画最为鲜明的特点在于人物表情：非常严肃，甚至是到了阴沉悲伤的地步。阿曼德的五官表情与时髦的衣服、戴歪的帽子以及描绘得很仔细的领结形成了鲜明对比。

图31
阿曼德·鲁兰

1888年11月；布面油彩；
66cm×55cm；
福克博物馆，埃森

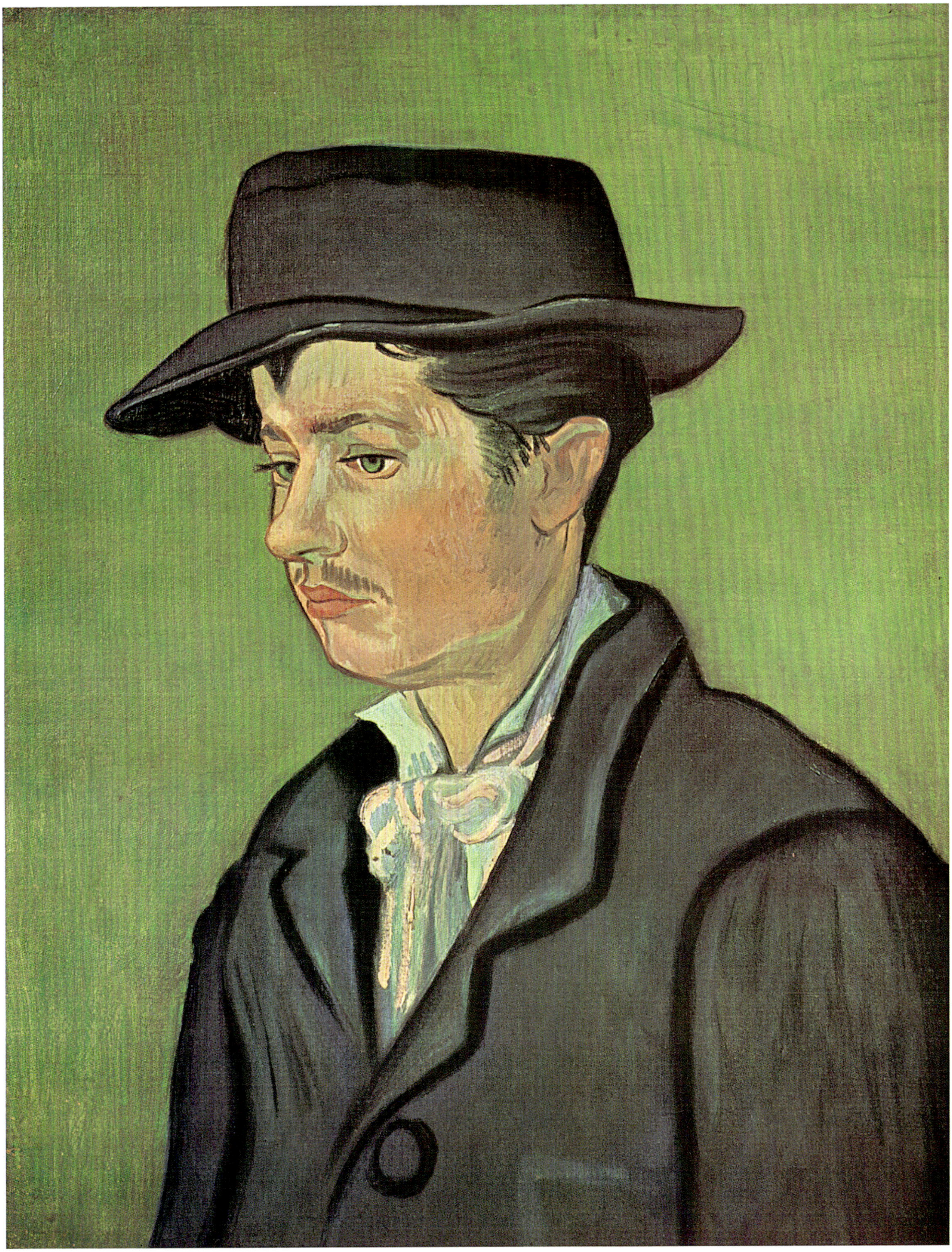

36　静物画：画板和洋葱
Still Life with Drawing Board and Onions

1889年1月；布面油彩；50cm×64cm；库勒−穆勒博物馆，奥特罗

1888年12月25日，凡·高第一次因精神运动性癫痫发作而住进阿尔勒医院，这幅令人愉悦的静物画是他在出院后不久完成的。他所描绘的对象既带有寓意，也更富含个人色彩。点燃的蜡烛在画作《高更的椅子》（彩色图版18）中出现过，按照静物的象征性传统，它代表着光明与生命；与之对立的是熄灭的蜡烛，在静物画中它象征着死亡。1885年，在父亲去世后，凡·高就曾画过熄灭的蜡烛和几本书的静物画。这幅画中的发芽洋葱以及书本（F. V. 拉斯拜尔的《健康年刊》）强调了蜡烛火焰营造出的乐观气氛。另外，凡·高又画上了烟斗、烟草和可能装过苦艾酒的空瓶子，所有这些都会危害他的健康。有意思的是，现代研究表明苦艾酒能引发癫痫。在阿尔勒的数月时间里，凡·高多多少少喝过这种毒性饮品，之后他多次癫痫发作，发作时间均与饮酒时间相一致。摆放了这些物品的画板说明凡·高又开始创作了。他告诉弟弟，接受医院的治疗后，画静物画可以让他放松，从而更好地投入到作品之中。相较于1888年夏天以及秋天（袭击高更前）创作的画作，这幅作品的用色更为温和、可控，它不再那么强烈和随意了。

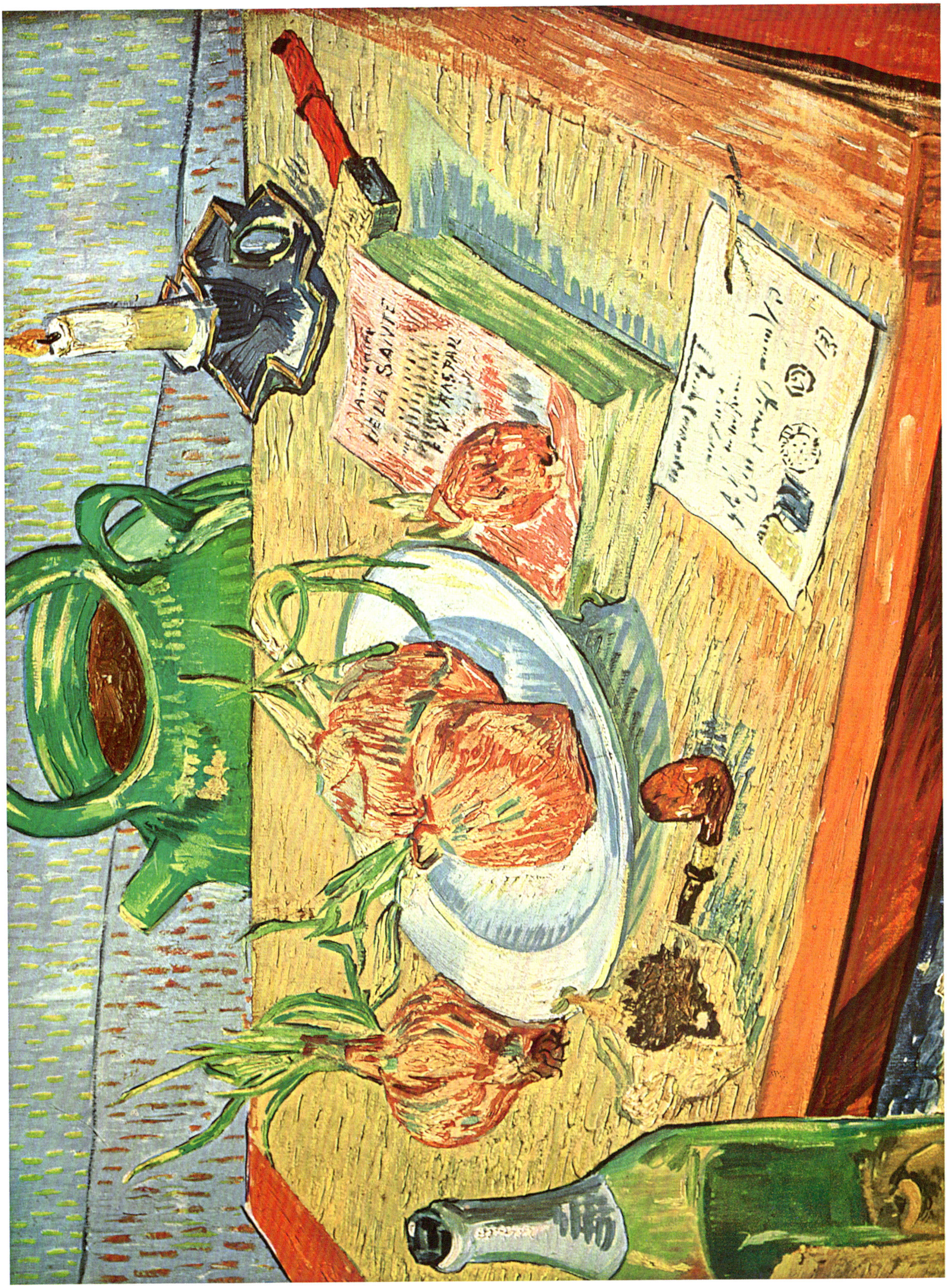

37 峡谷
The Ravine

1889年12月；布面油彩；72cm×92cm；库勒-穆勒博物馆，奥特罗

为了逃避当地居民骚扰，凡·高于1889年5月离开阿尔勒，并搬往圣雷米附近的圣保罗精神病院。他希望自己能够在那里安静地创作，并在癫痫复发时接受医治。圣雷米邻近普罗旺斯的阿尔皮勒斯山脉，那里有着特殊的地质风貌，地势低洼，岩石峭壁因受到河道的侵蚀而变得形状怪异，水流直接蚀穿了岩石，平原上是肥沃的橄榄林（图32）。新奇的风景让凡·高着迷。他经常走出医院，去周边画这些不同寻常的风景。为了呈现出周围风景的特殊风貌，他在素描作品上采用了一种更为蜿蜒曲折的线条，而在油画作品中，线条处理得更为流动。在圣雷米，凡·高用的色调更为柔和，他想呈现出风景中不同元素之间的相互作用关系，相较于激烈的色彩对比，调性的处理可能要更为恰当。他引用17世纪艺术家范·戈因的作品处理方式以支持自己的这一新的尝试。他曾向弟弟提到过这幅峡谷作品，说自己在荷兰认识的海牙画派艺术家尤勒斯·巴克赫伊森会认同他当下的观点。

图32
阿尔皮勒斯的橄榄林

1889年；纸上铅笔、芦苇秆水笔和墨水；
47cm×62.5cm；
国家画廊，东柏林

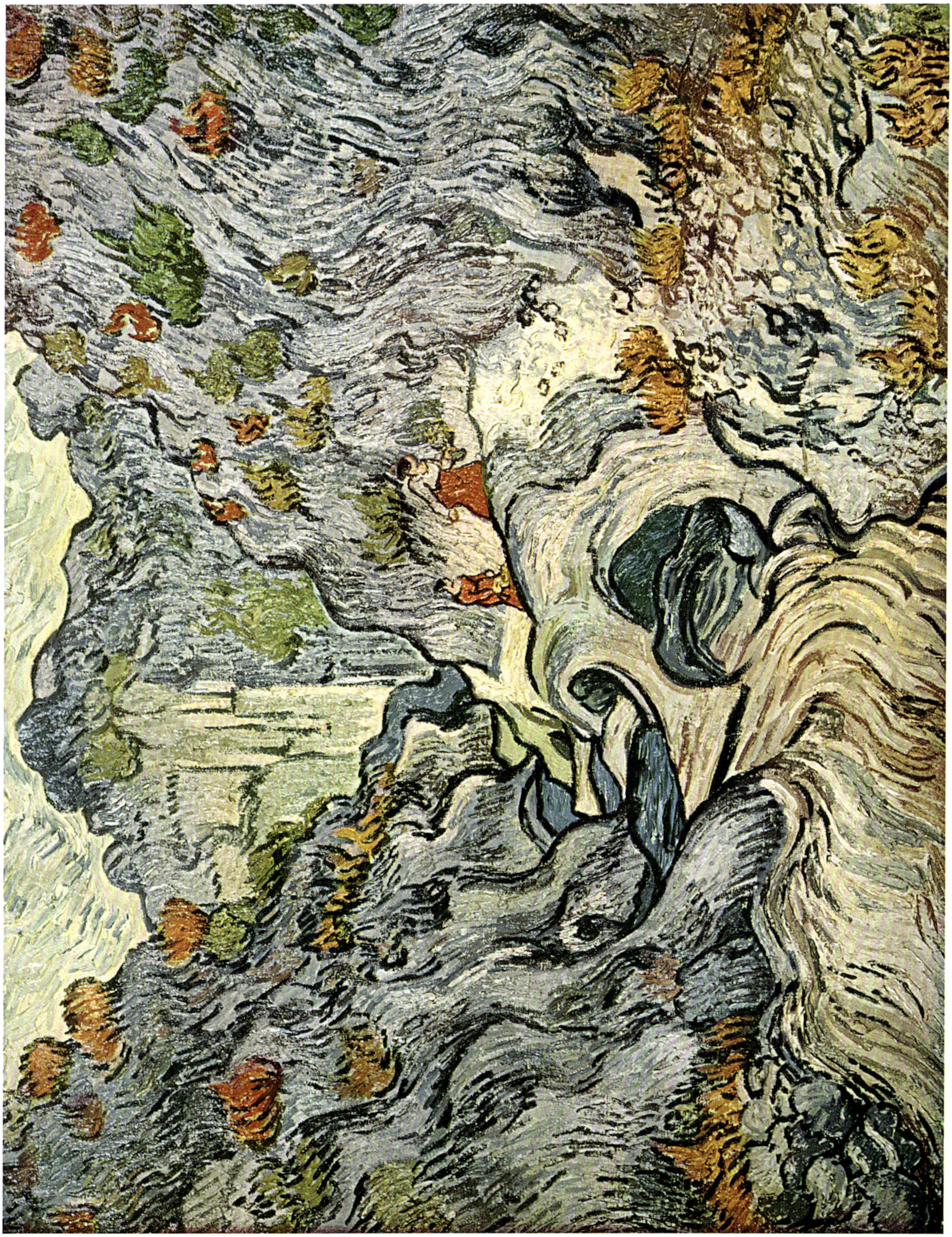

38 日落时分的冷杉

Fir-woods at Sunset

1889年10至12月；布面油彩；92cm×73cm；库勒-穆勒博物馆，奥特罗

　　除了多幅普罗旺斯橄榄林油画，凡·高还为其他类型的树木画了"肖像"，丝柏、冷杉这些树木都是典型的南方植物。他对暮晚时分这些饱经风霜的树木的处理方式，证实了他重新燃起了对荷兰时期接触过的艺术家及其艺术偏好的兴趣，尤其是巴比松风景画，还有朱尔斯·迪普雷、查理·杜比尼的作品。凡·高在海牙、巴黎、伦敦古皮公司做艺术销售时就了解上述两位艺术家了。这两位一直都曾是凡·高在德伦特想当风景画家时效仿的榜样。这幅油画作品确实让人一下子就想到杜比尼独特的作品《秋天》（海牙梅斯达赫博物馆），凡·高曾在1882年海牙展览会上留意过那幅作品，并在1883年秋天临摹那幅画时还画了一张日落时分沼泽旁枯树干的素描。

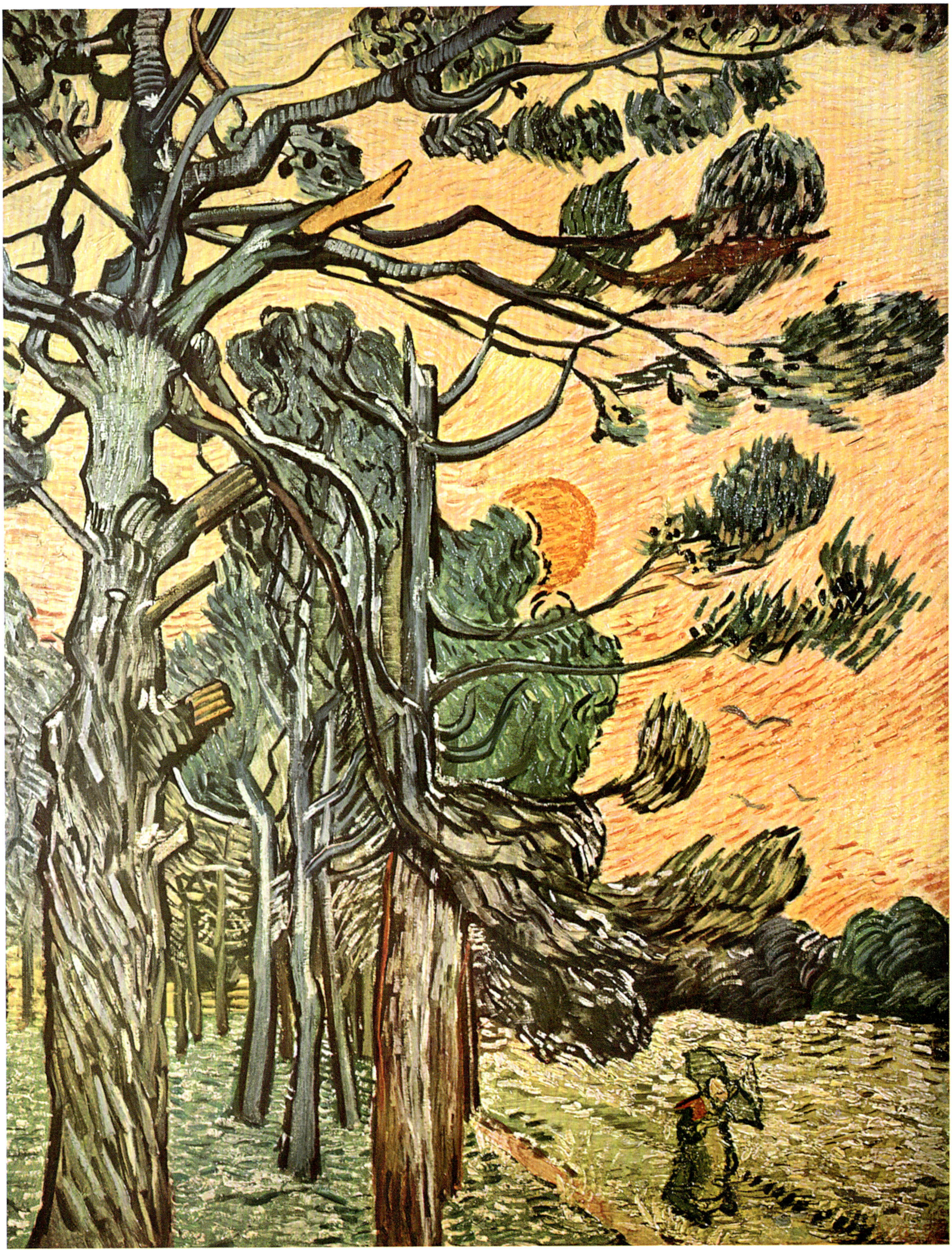

39 日出时分的麦田围地
The Enclosed Field at Sunrise

1890年春天；布面油彩；72cm×93cm；库勒-穆勒博物馆，奥特罗

凡·高经常透过圣雷米医院的窗户画这一景致，窗户本身成了某种程度上的透视画框。他曾试过阅读有关透视主题的教科书来掌握透视法，在海牙时，他制作了一个透视画框（图33）来帮助自己理解。具体方法就是画一个空的框架，再在上面画一系列格子。他在画布上或是纸上也画过这样的格子。画家通过画框观察绘制主题，根据格子为场景和描绘对象定位，然后在纸或是画布的相应位置处具体画出来。透视线交会点为消失点，也就是像镜面一样符合观众视角的假象距离点。通过这种方法，将立体场景描绘到二维平面上，从这一人为假定、单一视点观察到的空间看上去符合逻辑、清晰明确，成为观察世界的窗口。然而，如果像凡·高那样，从透视框的上方、下方或侧面观察，画家就能偏离仰视、俯视或侧视的单一视角，从而融入多个视角，营造出的效果就会像这幅画一样让人放松。在这幅画中，前景与背景不相匹配，不符合透视规律。前景中青草和罂粟的描绘就像是在我们脚下，似乎在向前、向后地倾斜和移动，阻碍了原本退至无限远方的背景的方向。凡·高处理空间的方式背离了传统几何体系，运用无章可循打造出来的空间却表达出动态和即时性的效果。

图33
223 信件上透视速写

1882年；凡·高国立博物馆，阿姆斯特丹

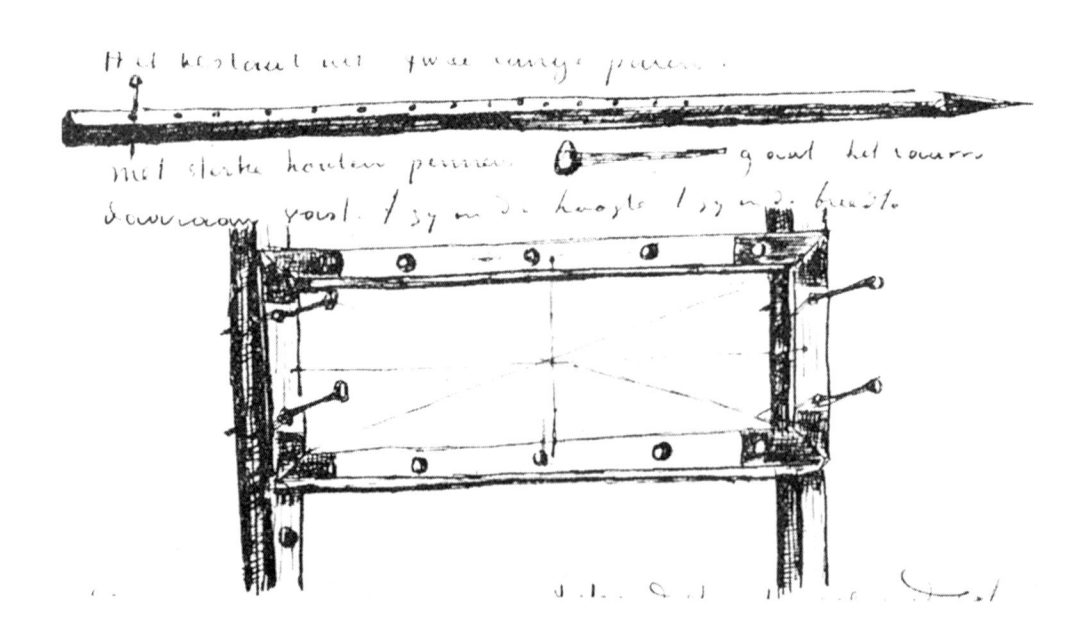

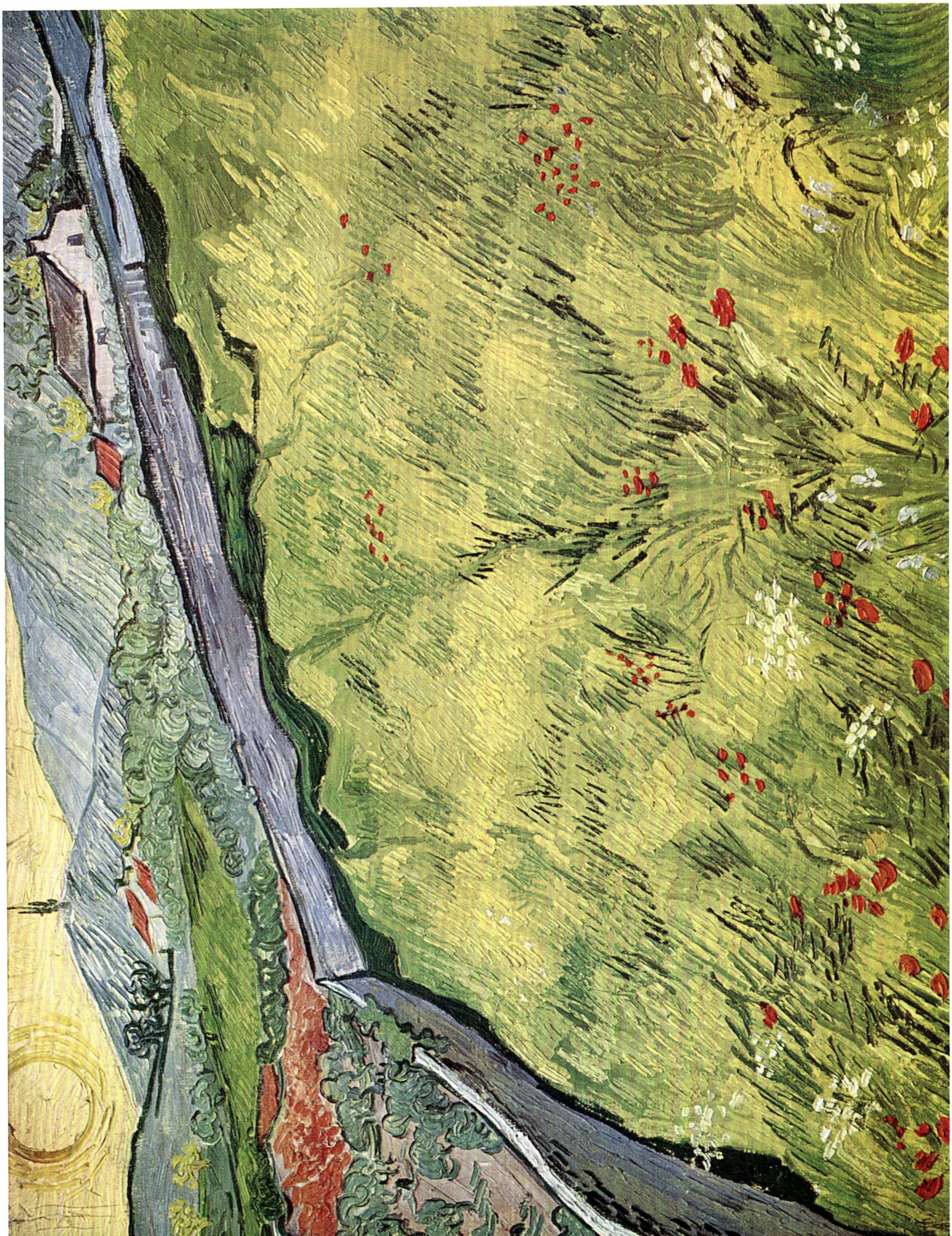

40　冬天风景：北方回忆
Winter Landscape: Memories of the North

1890年3至4月；布面油彩；29cm×36.5cm；凡·高国立博物馆，阿姆斯特丹

　　在艺术风格形成的岁月里，麦田、时光这样的主题一直是凡·高创作的重要部分。他在圣雷米期间创作的重要特征在于对尼厄嫩那一时期创作的回归，即找回创作的理由。他写信给家人，让他们把他在尼厄嫩时画的素描寄回，这样他可以对已有作品进行重新绘制，并创作类似的主题。他打算重画《吃马铃薯的人》（1885），他一向认为这是自己画得最好、最为重要的作品，并凭记忆按已有构图画了一张素描（图34）。他开始创作一系列想象中的风景画，一些是根据以前在德伦特和尼厄嫩时画的素描创作的，另一些凭借对布拉班特乡村建筑、农民工的回忆进行创作，他将系列风景画命名为"北方回忆"或"布拉班特回忆"。这些素描和油画作品不仅仅是对过去作品的模仿复制。通过这些作品，凡·高表达了自己的思想和意念，即对自己绘制的主题以及早期法国、荷兰艺术家创作主题的坚信不疑，这些主题均传递出对现代世界的态度。因此，他重新提及这些绘画主题，但在色彩方面做了修改。在素描作品中，他采用了在圣雷米期间一直探索的更为蜿蜒曲折、流动、装饰性的图形风格。

图34
农民吃饭

1890年4月；纸上黑粉笔；
34cm×50cm；
凡·高国立博物馆，
阿姆斯特丹

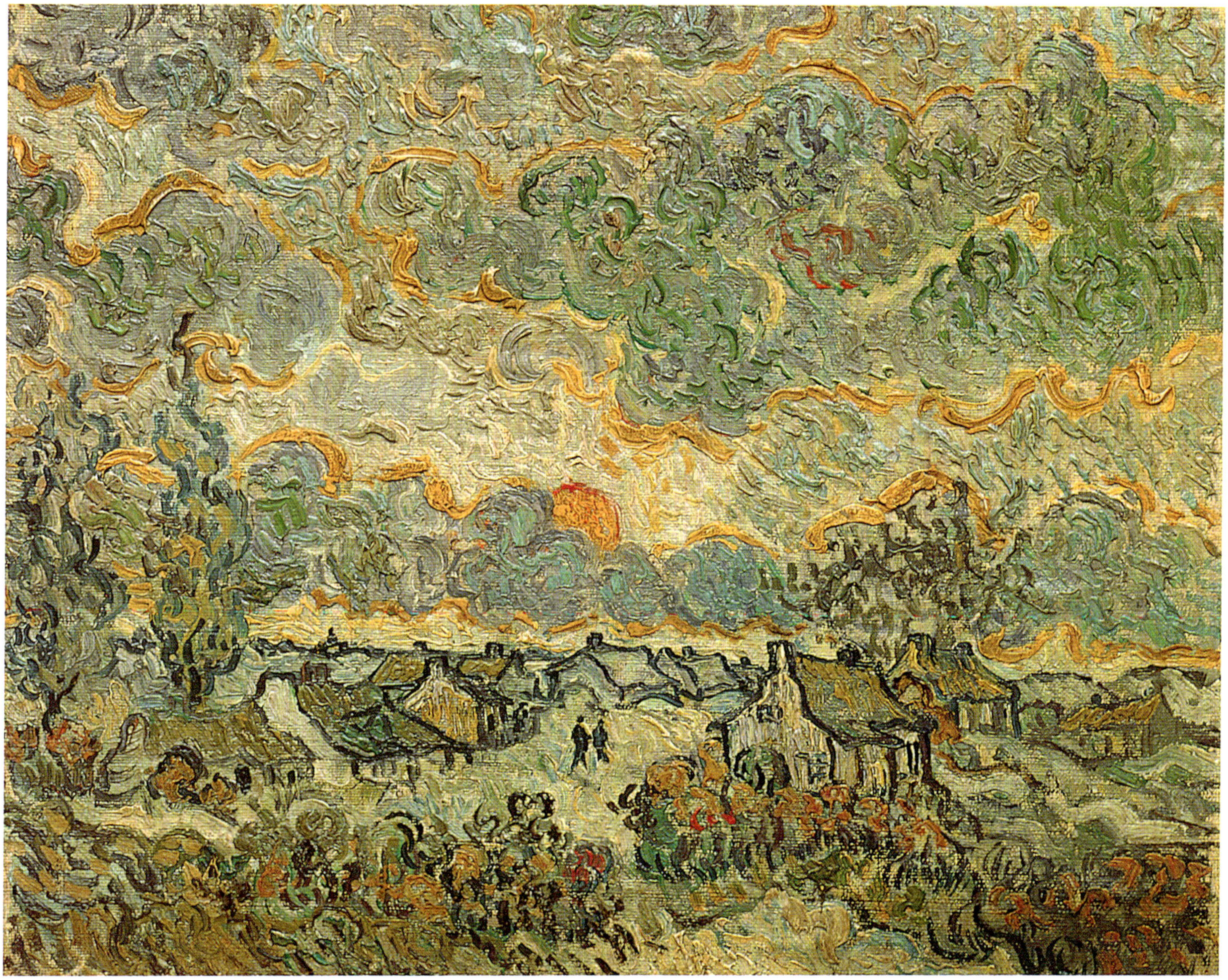

41 伦勃朗蚀刻画《拉撒路升天》中的一幕

A Scene from The Raising of Lazarus, after the etching by Rembrandt

1890年5月；布面油彩；48.5cm×63cm；凡·高国立博物馆，阿姆斯特丹

凡·高再次创作时重新调整的这一策略还体现在他喜欢以油画形式临摹那些对他而言代表现代艺术万神殿的艺术家（比如米勒、德拉克洛瓦、杜米埃、多雷，还有某些插画画家）的作品。他以多种方式诠释这些摹作。从一个层面上来讲，在没有模特的情况下，他希望用这些作品来练习人物素描和油画；从另一层面上来讲，他想通过对这些作品上色，将艺术家想表达的再次呈现于公众面前。这也让他通过色彩，即他所认为的对现代艺术传统的贡献，革新了这些作品。在这幅对伦勃朗《拉撒路升天》（图35）的摹作中，凡·高运用色彩来体现伦勃朗的明暗、黑白对比色调。在蚀刻画中，伦勃朗使用明暗技法表现宗教主题——基督散发出的光明驱散了周围的黑暗，从而描绘了基督把死人复活的奇迹——而凡·高的版本中并没有出现基督的形象，他摒弃了对人物的宗教解读。虽然画中有一轮偌大的太阳，但那并不指代泛神论，也并非光源所在。凡·高改变了场景设置，他在背景处描绘的并非黑漆漆的棺材，而是日出时的麦田。实际上，他在自己的风景创作上借用了伦勃朗的主题，并以人物风俗画体裁代替了具有明显宗教色彩的题材。

图35
**伦勃朗·凡·莱茵：
拉撒路升天**

约1632年；蚀刻画；伦敦大英博物馆委托人提供复制品

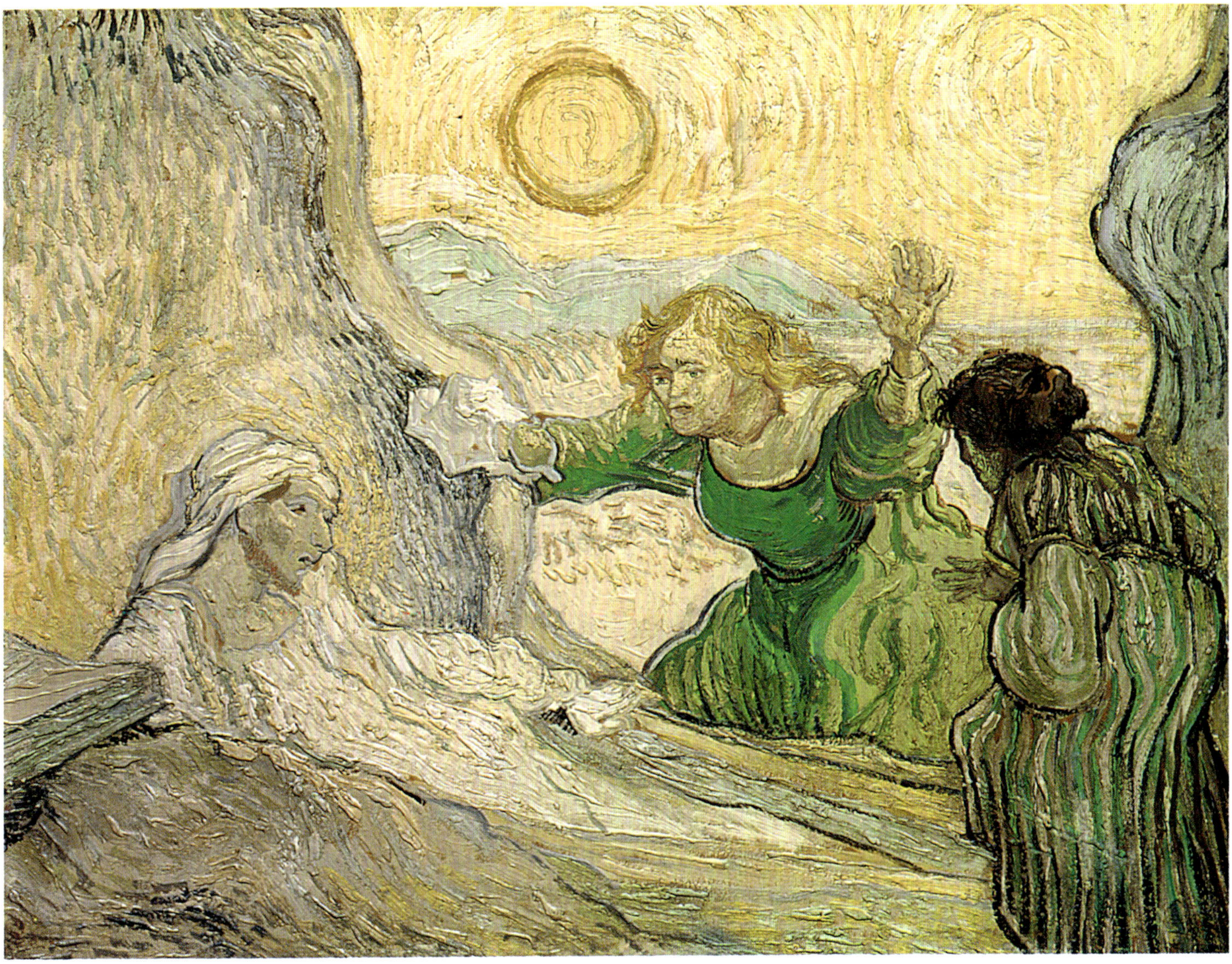

42

有丝柏和星星的小路
Road with Cypress and a Star

1890年5月；布面油彩；92cm×73cm；库勒-穆勒博物馆，奥特罗

为什么这时的凡·高要对自己的创作实践追根溯源呢？这幅作品提供了一些线索。凡·高离开荷兰搬往法国后，设法与贝尔纳、高更这样的巴黎画家联系。他和贝尔纳通信、交换作品，1888年末还跟随高更学习。他觉得他们三个人都对印象派及其继承者感到不满，在创作"慰藉画"（凡·高是这么命名的）上有共识。1889年6月，凡·高画了《星空》（图12），这一富含想象的画面，并非出自大自然或某一主题，而是融合了布拉班特和普罗旺斯各种风景和场景。他视这幅画为新型宗教画，并展示给贝尔纳和高更。但两人都对这件作品不予理会，即忽略了凡·高在巴黎时期最为野心勃勃的作品，也就是就三人共同关心话题所构思出的画作。面对这一残酷打击，凡·高愤怒地拒绝了两人的作品，并摒弃了他们所鼓励的创作方向。1890年6月，凡·高在罕有的写给高更的信中提到了《有丝柏和星星的小路》（彩色图版42）。凡·高称之为星星画作方面"最后的尝试"。这幅画与被人忽略的《星空》有着许多共同的特点与图案：一弯新月、天空中的星星、布拉班特小屋窗户透出的黄光、高耸孤立的丝柏，但是没有教堂。与再次创作伦勃朗的画一样，作品主题已经"世俗化"了。这幅作品仅仅是描绘小屋、树木、麦田和工人的风景画。这件作品标志着凡·高果断地减少与巴黎先锋派的来往，拒绝与他们亲近。

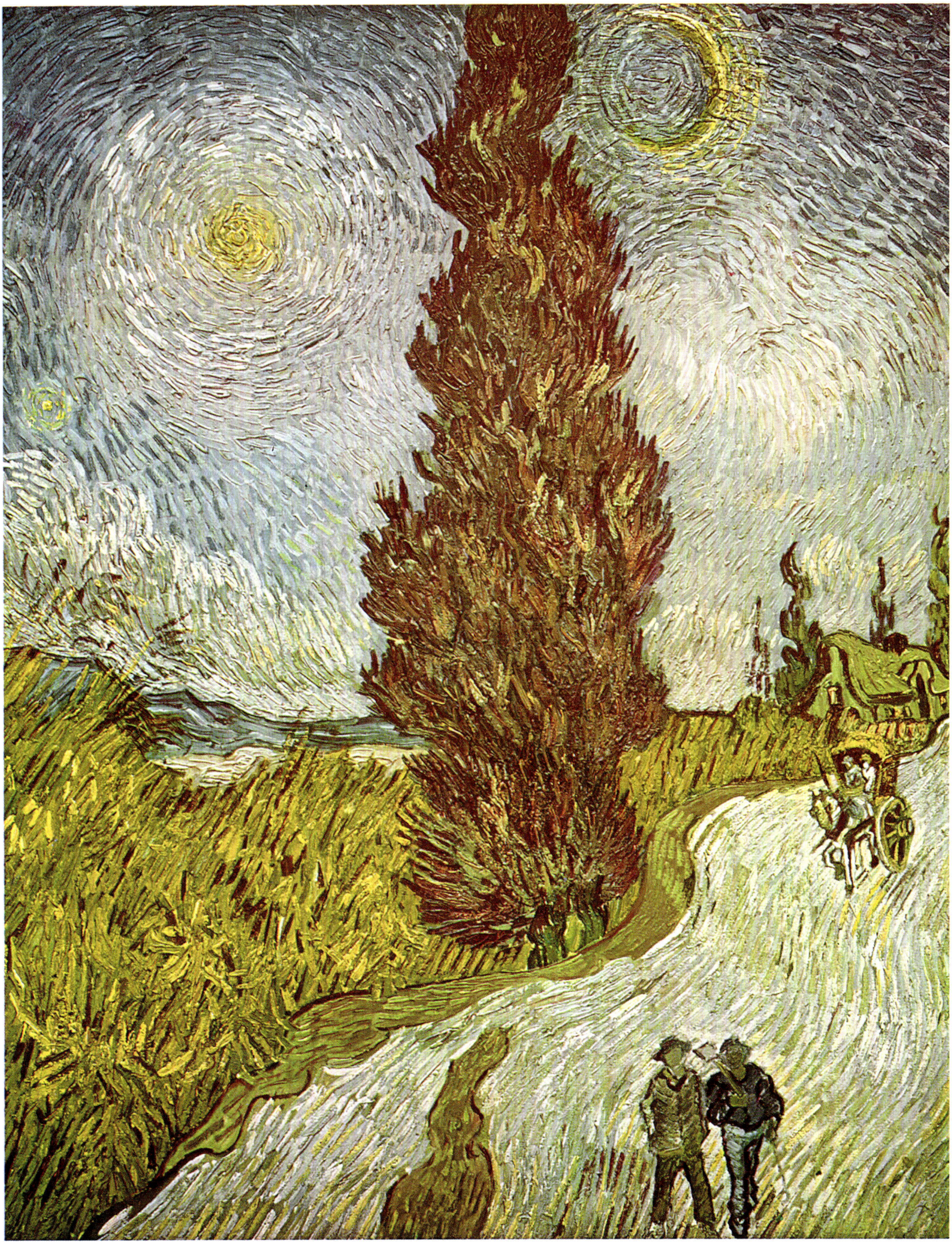

43 圣保罗医院护工特拉布肖像
Portrait of Trabu, Attendant at St Paul's Hospital

1889年9月4至10日；布面油彩；61cm×46cm；Mrs. G. Dübi-Müller基金会；索洛图恩，瑞士

　　凡·高在圣雷米期间画了一些肖像画。医院护工和护工的妻子都当过凡·高的模特，这证实了凡·高当时确实患有癫痫，而并非处于精神病状态。谁会让自己的妻子单独和精神病待在一起呢？正是缘于这对夫妻，凡·高有了另一次画伉俪肖像对画的机会。关于《特拉布夫人》的画像，凡·高写道，他画过一个面容憔悴、瘦弱干瘪的女人，犹如一株积满尘土的绿草。画面以粉色、黑色搭配，传达出的情绪让人想起他在海牙时画的苍老妇女的形象（图5和图18）。在这幅视觉冲击强烈、具有纪念意义的肖像画中，护工的形象描绘得非常有力和突出。他正对观众，描绘的笔触坚实，与背景上细腻的纹理笔触形成对比。人物面部以完全不同的笔法描绘，前额、头骨刻画得十分精细，记录下了老人衰老皮肤上所有的松弛与空洞。色彩搭配柔和、协调。这是凡·高最为成熟的肖像画作品之一：技法高超、安排精心。他曾向弟弟描述说，"他机敏、黑色的小眼睛中透露出的军人气质让人高兴"。

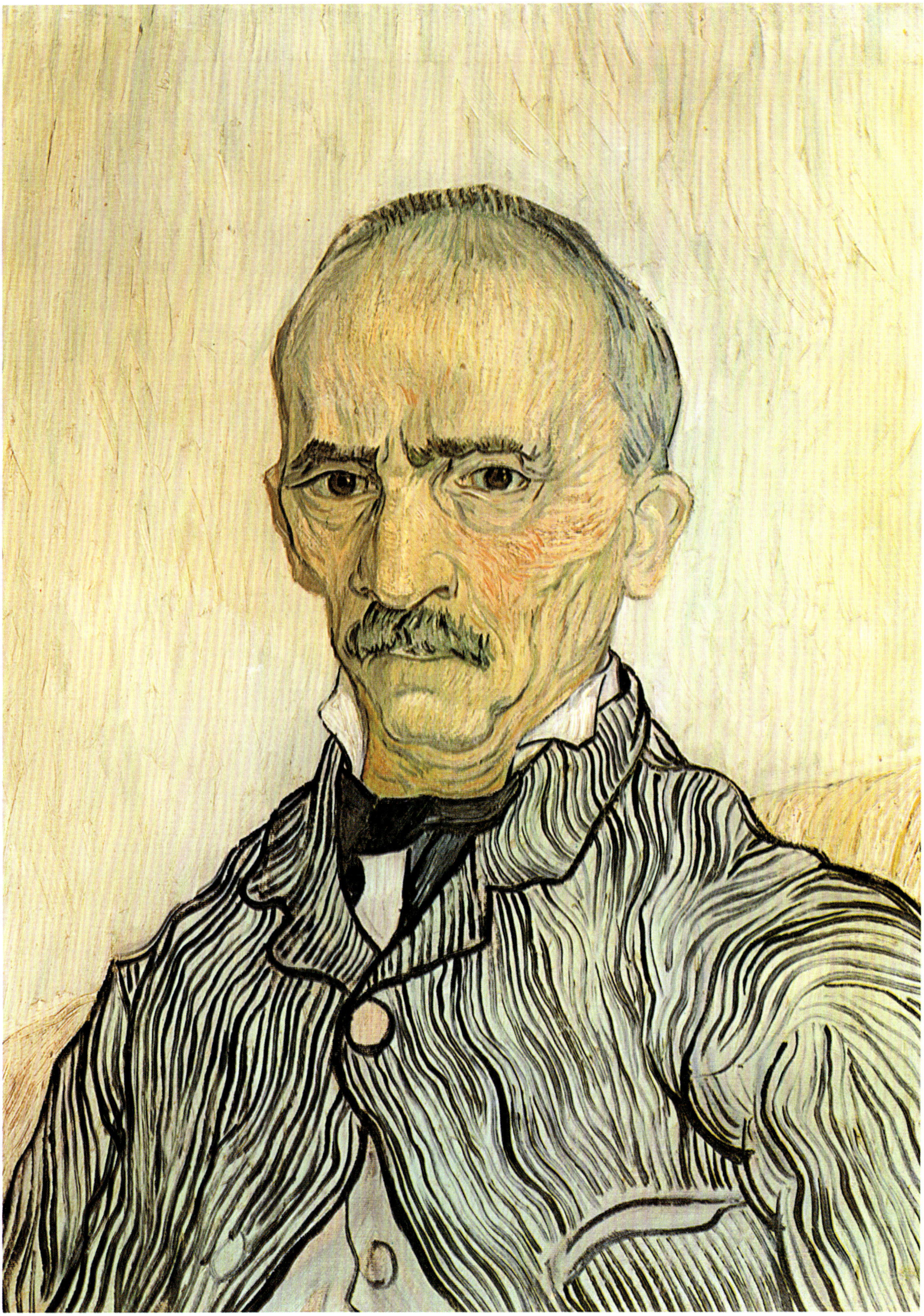

44 自画像
Self-Portrait

1889年9月；布面油彩；65cm×54cm；奥赛美术馆，巴黎

在模特选择上，艺术家本人是最容易实现的目标了。1889年9月，凡·高画了两次自画像。在其中一幅自画像中，他以艺术家身份出现，身穿蓝色工作服，手拿调色盘，视线从画架移向观众。画面效果生动而强烈，一个很重要的原因是他以强烈的蓝色和黄色描绘自己。在另一幅自画像，也就是对页的彩色图版中，我们面前的凡·高穿着时髦的西装和马甲，并没有呈现出职业特征。肖像姿势和着色营造出更为冷静、威严的效果。背景装饰性纹理上遍布迂回厚重的笔触。相较于特拉布肖像画（彩色图版43），这幅自画像更具活力。除了无领衬衫的白色、皮肤的粉色和柔和的绿色，肖像以蓝色和橘色描绘。有关这幅作品和其他相关作品，凡·高在给妹妹的信中写道，"当代人物肖像的新想法正在法国萌发"。但实际上，这些只是他一个人的想法而已。按照凡·高的说法，现代肖像以色彩运用为基础，不过他在信中还提到了17世纪荷兰人物肖像传统。而正是缘于此，凡·高才会产生将肖像画塑造为让人感到安慰，充满希望、沉着和宁静形象的想法。这幅肖像画结合了这两种创作思路。

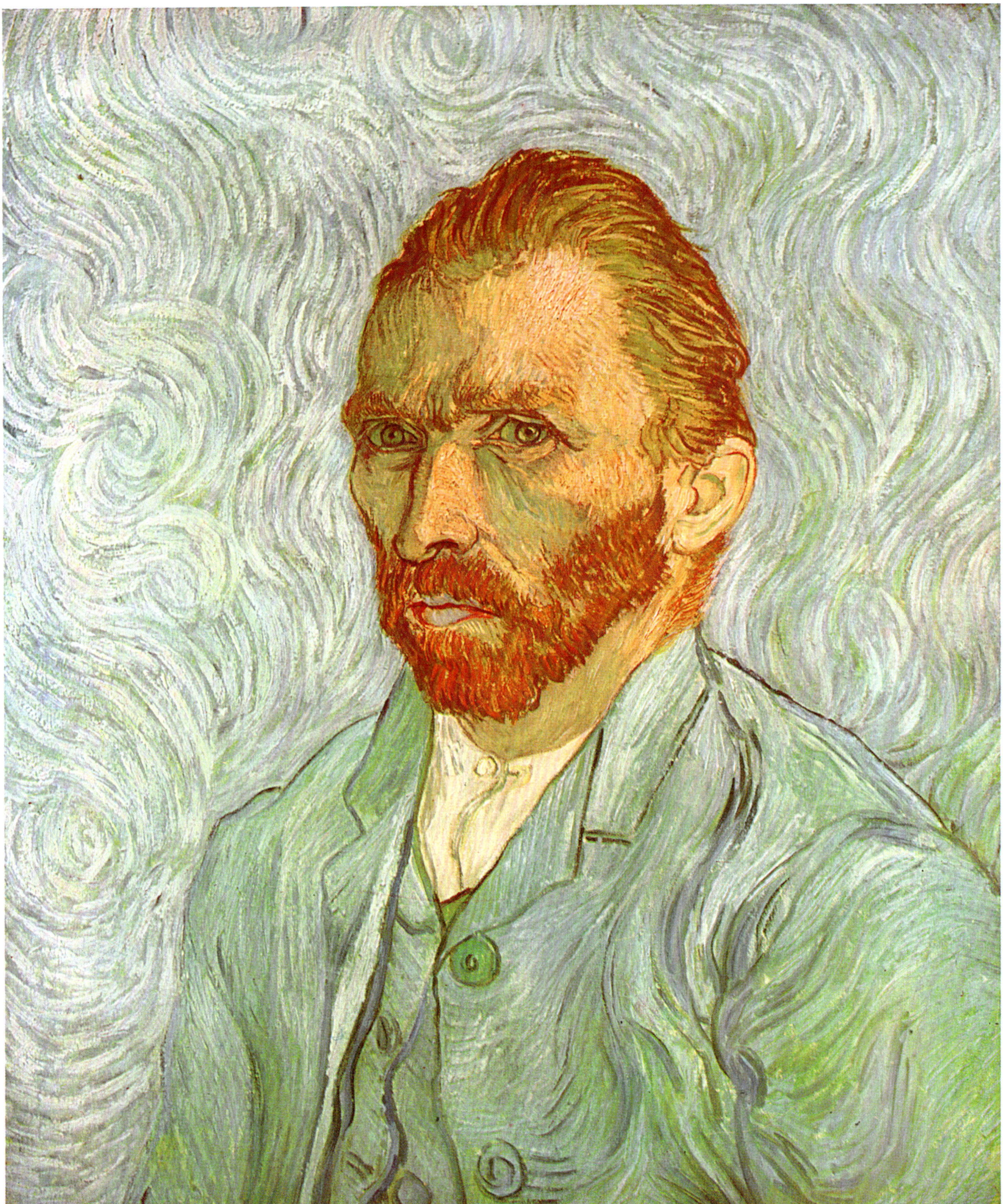

45　静物：鸢尾花
Still Life: Irises

1890年5月；布面油彩；72cm×94cm；凡·高国立博物馆，阿姆斯特丹

再次搬往北方之前，凡·高在圣雷米的最后几个星期里画了一系列静物画。这些作品的尺寸大小让人想到1888年夏天创作的那些不朽之作——向日葵，但互补色的严谨运用也与1886年凡·高在巴黎第一年时所感兴趣的色彩实验、花卉绘画实验有关。在圣雷米，他画过绿色地面上粉色的玫瑰花，而这幅画画的是黄色泥土上紫色的鸢尾花。作品流露出全新的活力和浓烈的色泽。凡·高并没有像有时会做的那样，淡化对比以协调画面各个不同元素，而是像在巴黎时那样，在这幅画中尝试加强和提高对比。他写道，"它是一种截然不同的互补效果，通过并置，互补效果得到了加强"。1888年末到1890年，凡·高按照自己偏爱的尺寸画了这些花。经常使用同一尺寸画布意味着，如果他的作品能展出，它们将会以系列方式呈现。

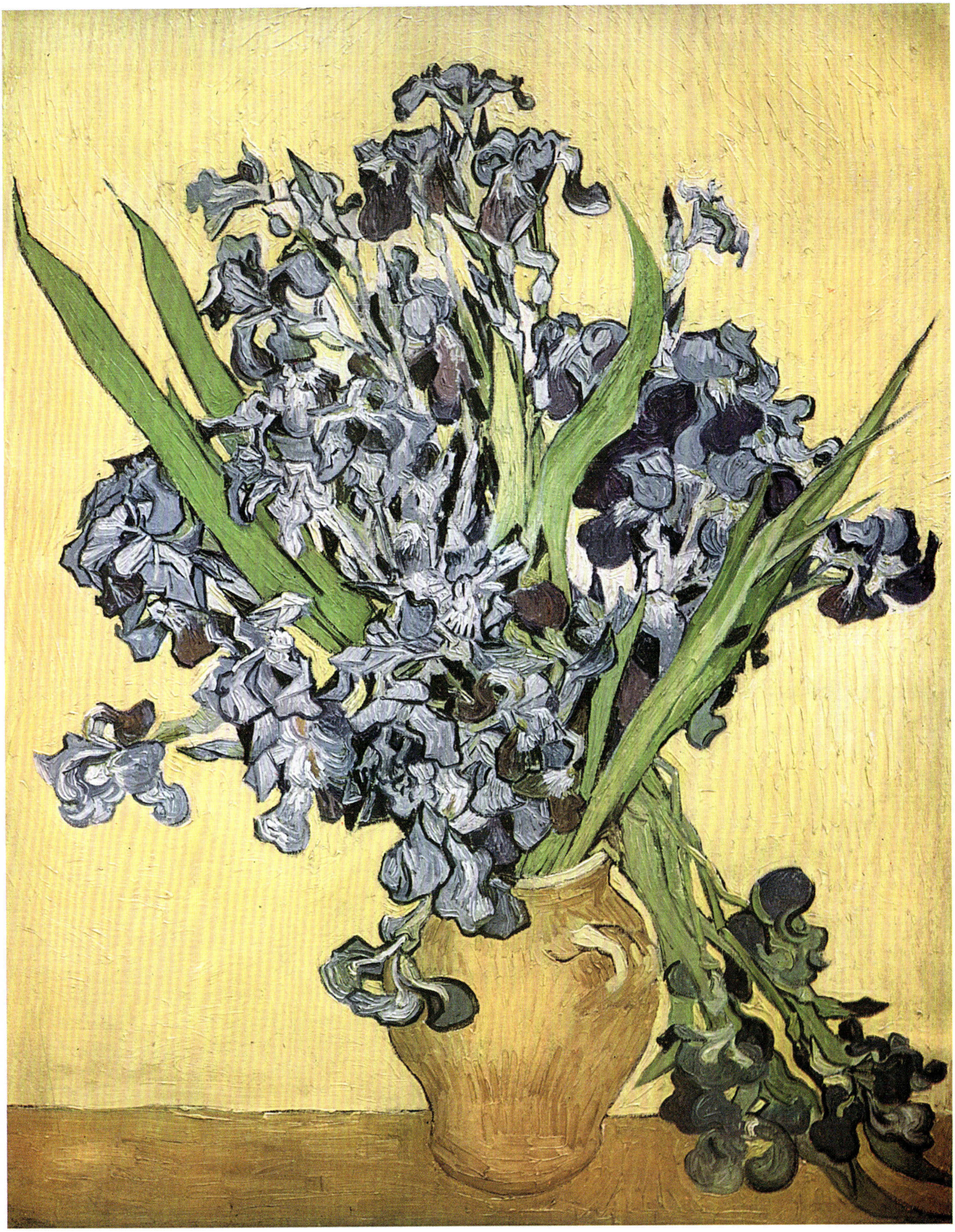

46 **加歇医生肖像**
Portrait of Dr Gachet

1890年6月；布面油彩；66cm×57cm；私人收藏，纽约

1890年5月，凡·高离开法国南部，搬到了距巴黎四十英里远的小镇奥维尔。在那里，他的创作很丰富，他在受致命伤直至7月29日去世之前画了六十多幅油画还有大量素描。提到奥维尔，就会联想到许多画家。19世纪70年代，毕沙罗和塞尚都曾在那里创作。毕沙罗的朋友、业余画家、狂热的当代法国艺术收藏家加歇医生让凡·高的这一创作习惯保持下去。凡·高的这幅医生肖像不同寻常，他称这旨在表现现代社会让人心碎的表情。实际上，手托腮的姿势是表现忧郁的传统方式。这里还有其他符号和象征。洋地黄被认为是加歇作为医生进行顺势疗法的药物。凡·高的人物肖像画（彩色图版29）中出现了两本小说，这并不是没有先例的，这里是德·龚古尔兄弟的小说。这两本小说均与巴黎有关：《玛奈特·萨洛蒙》是一本有关巴黎艺术家和模特的小说，《杰弥丽·拉舍特》讲的是家仆陷入了毁灭性的爱恋以及其悲惨的一生。对于凡·高而言，城市生活总的来说（尤其是巴黎）让人忧郁、损害健康。与之相反，乡村有助人恢复健康、增强体力。加歇医生肖像画是一次大胆的尝试，旨在画出现代人某种历史性的特征：深受城市生活的不良影响，却没有任何真正意义上的逃脱，只有艺术能带给他虚妄的慰藉。

图 36

钢琴旁的玛格丽特·加歇

1890年6月；布面油彩；
102cm×50cm；巴塞尔美术馆

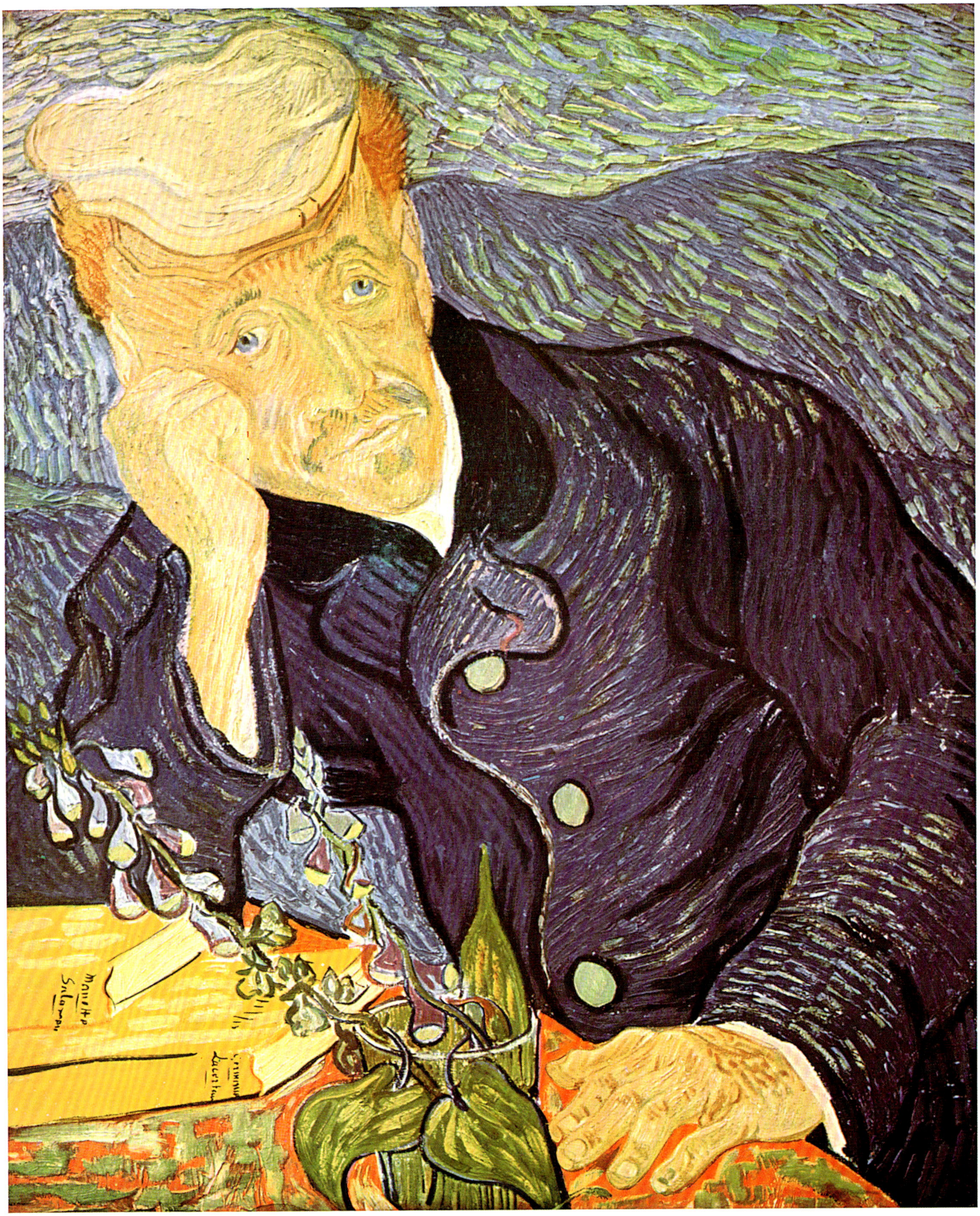

47 奥维尔杜比尼的花园
Daubigny's Garden at Auvers

1890年6月17日前；布面油彩；51cm×51cm；凡·高国立博物馆，阿姆斯特丹

  奥维尔是印象派先驱法国画家查尔斯·杜比尼的故乡。凡·高想画幅作品向杜比尼致敬，因为杜比尼在过去二十年里为他的"想象力博物馆"塑造了强有力的形象。他在水平画布上画了两次杜比尼的房子和花园，其中的一个版本寄给了在巴黎的弟弟提奥，那是向疲惫焦虑的城市居民传达乡村使人平静、恢复活力观点的三幅画作之一。这幅不常见到的方形画可能是在那些版本之后的习作。这种画面安排的用意是将观众慢慢引入杂草丛生的花园。而这幅画的尺寸设置，是为了让房子看起来似乎非常远，成排的树木几乎挡住了房子，房子上都是紧闭的窗户。这一杂乱无序的空间、凹凸不平的颜料表面引人遐想。凡·高几乎是运用了印象派的技法和色调来描绘艺术家的花园，而这位艺术家是联结巴比松派和早期印象派之间的桥梁。一位评论家曾抱怨道："杜比尼在19世纪60年代末的作品缺乏修饰和精细度，过于印象派。"

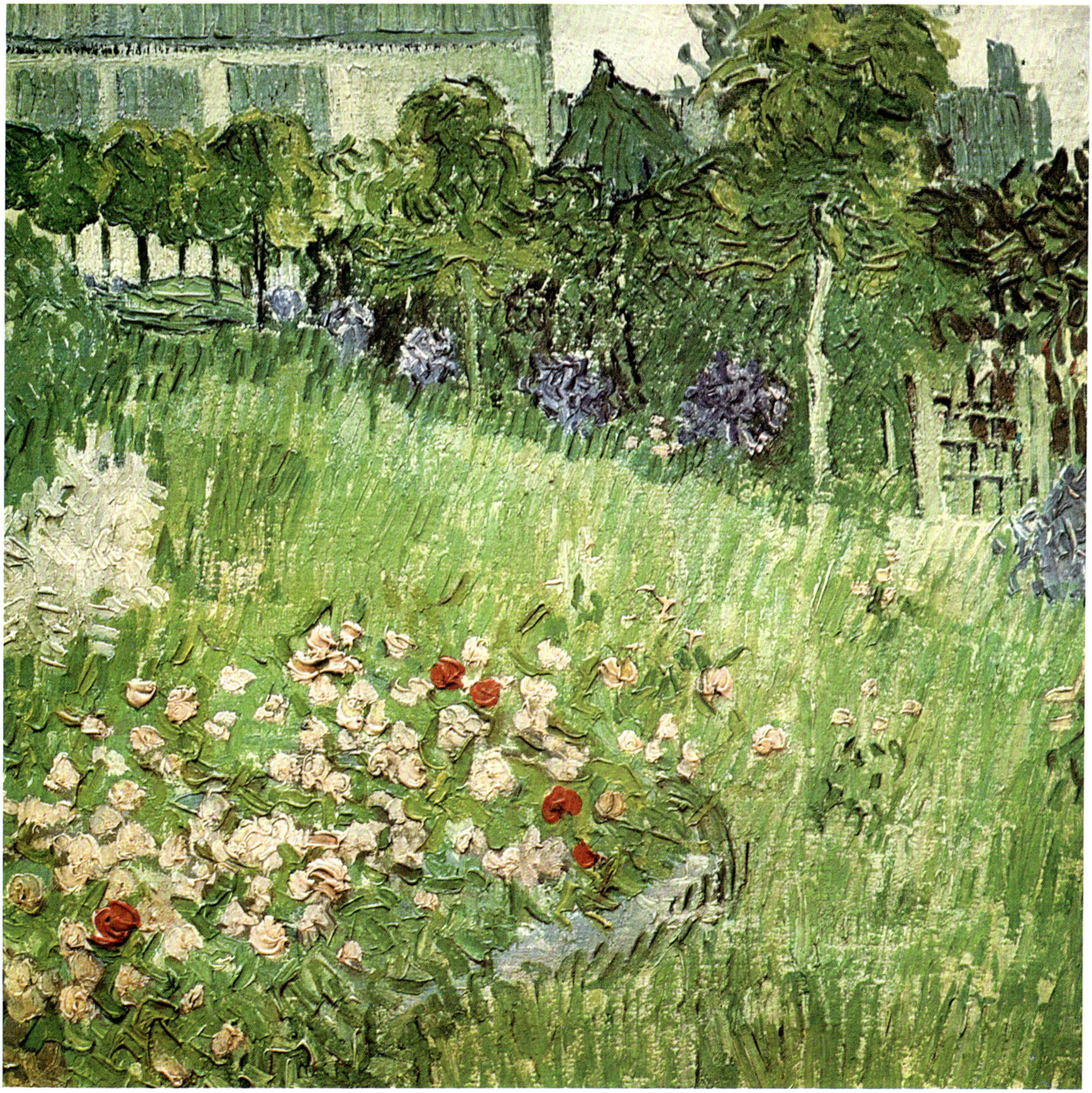

48 奥维尔附近的风景：麦田
Landscape near Auvers: Wheatfields

1890年7月；布面油彩；73.5cm×92cm；斯图加特州立绘画馆，慕尼黑

七月的最后几周时间里，凡·高一直在画一些熟悉的主题：茅草屋和麦田。在这些晚期的绘画随笔中，色彩、空间和肌理，这些曾让凡·高一开始就头痛不已的问题已经得到了解决。这幅风景画让我们想起德伦特时期的一件作品（彩色图版 1），两者之间虽然存在着巨大的差异，但他们背后的关联无法掩饰。凡·高赋予农业场景描绘的重要性几乎从未改变。在描绘布拉班特乡间或是法国的风景画中，凡·高想看到的是对生活方式的展现，一种在他看来是健康的、宁静的、更为自然的、永恒的、天然的社会秩序。这种社会秩序与新经济和社会力量推动下画家居住的世界不同，后者充斥着冲突，它分裂破碎、变化快速。这幅画的主题是奥维尔郊外的平原，很可能是普罗旺斯或是布拉班特；主题本身平淡无奇。这幅画并没有向我们特别描绘奥维尔或奥维尔人的生活或工作方式。但作品通过画面的颜色组合、近景、后退的中景、远方各个视角的结合，详细地为观者展示了田野、云彩、树木和干草垛，它们愉快而和谐地一同置于画面中，尽可能地超出画框的边界，延伸至观者的周围。

图 37
奥维尔平原

1890 年 6 月；布面油彩；50cm×101cm；维也纳艺术史博物馆

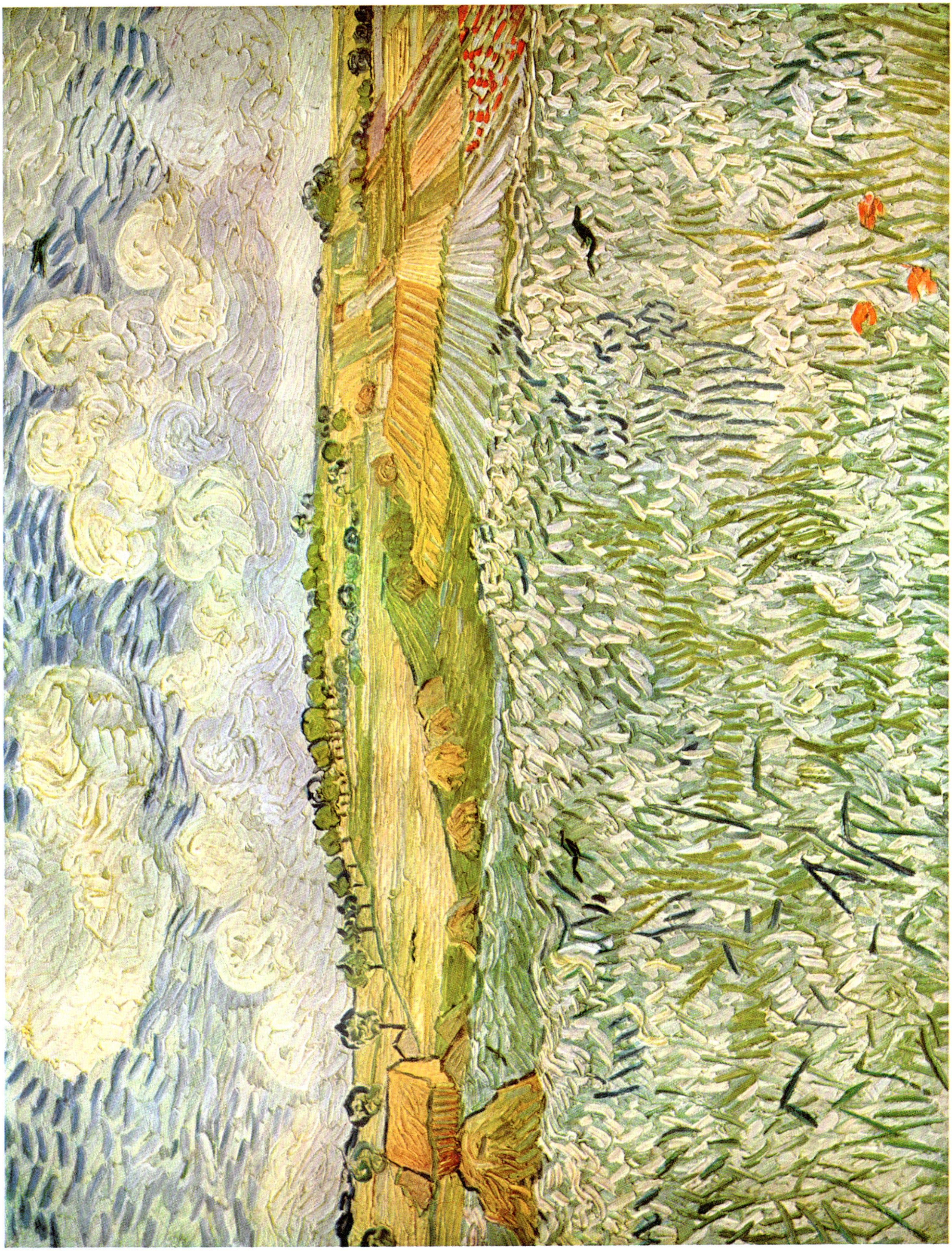

"彩色艺术经典图书馆"系列介绍

这是一套系统、专业地解读艺术，将全人类的艺术精华呈现在读者面前的丛书。

整套丛书共有46册，精选在艺术史中占据重要地位的38位艺术家及8大风格流派辑录而成，撰文者均为相关领域专家巨擘。在西方国家，该丛书被奉为"艺术教科书"，畅销40多年，为无数的艺术从业者和艺术爱好者整体、透彻地了解艺术发展、领悟艺术真谛提供了绝佳的途径。

丛书中每一册都有鞭辟入里的专业鉴赏文字，搭配大尺寸惊艳彩图，帮助读者深入探寻这些生而为艺的艺术大师，或波澜壮阔，或戏剧传奇，或跌宕起伏，或困窘落寞的生命记忆，展现他们在缤纷各异的艺术生涯里的狂想、困惑、顿悟以及突破，重构一个超乎想象而又变化莫测的艺术世界。

无论是略读还是钻研艺术，本套丛书皆是不可错过的选择，值得每个人拥有！

以下是"彩色艺术经典图书馆"丛书分册：
（按书名汉字笔画排列）

凡·高
威廉·乌德 著

马奈
约翰·理查森 著

马格利特
理查德·卡沃科雷西 著

戈雅
恩里克塔·哈里斯 著

卡纳莱托
克里斯托弗·贝克 著

卡拉瓦乔
蒂莫西–威尔逊·史密斯 著

印象主义
马克·鲍威尔–琼斯 著

立体主义
菲利普·库珀 著

西斯莱
理查德·肖恩 著

达·芬奇
派翠西亚·艾米森 著

达利
克里斯托弗·马斯特斯 著

毕加索
罗兰·彭罗斯
大卫·洛马斯 著

毕沙罗
克里斯托弗·劳埃德 著

丢勒
马丁·贝利 著

伦勃朗
迈克尔·基特森 著

克里姆特
凯瑟琳·迪恩 著

克利
道格拉斯·霍尔 著

拉斐尔前派
安德列·罗斯 著

罗塞蒂
大卫·罗杰斯 著

图卢兹–劳特累克
爱德华·露西–史密斯 著

庚斯博罗
尼古拉·卡林斯基 著

波普艺术
杰米·詹姆斯 著

勃鲁盖尔
基思·罗伯茨 著

莫奈
约翰·豪斯 著

莫迪里阿尼
道格拉斯·霍尔 著

荷尔拜因
海伦·兰登 著

荷兰绘画
克里斯托弗·布朗 著

夏尔丹
加布里埃尔·诺顿 著

夏加尔
吉尔·鲍伦斯基 著

恩斯特
伊恩·特平 著

透纳
威廉·冈特 著

高更
艾伦·博尼斯 著

席勒
克里斯托弗·肖特 著

浮世绘
杰克·希利尔 著

康斯太勃尔
约翰·桑德兰 著

维米尔
马丁·贝利 著

超现实主义绘画
西蒙·威尔逊 著

博纳尔
朱利安·贝尔 著

惠斯勒
弗朗西丝·斯波尔丁 著

蒙克
约翰·博尔顿·史密斯 著

雷诺阿
威廉·冈特 著

意大利文艺复兴绘画
莎拉·埃利奥特 著

塞尚
凯瑟琳·迪恩 著

德加
基思罗·伯茨 著